“STORY”で学ぶ、
M＆A「医業承継」

プレジデント社

はじめに

M&A「医業承継」こそが、新たな未来を切り開く一手に……

　ここ数年、地域医療を守ることの難易度が高まっています。戦後、徐々に増えてきた病院数は1990年をピークに減少し続けています。コロナ禍にはコロナ関連補助金が支給されたことで、一時的に黒字へ転じた病院もありますが、その内実はというと、病院の収益からコロナ関連補助金を除くと赤字となる病院がとても多いのです。それなのに、医療費の増大や人口減少を背景に、診療報酬を引き下げる方向へ改定しました。これは内科を中心に病院やクリニックの経営をますます厳しいものにしています。このような状況が続けば、病院の統廃合は今後ますます加速していき、残る病院も経営改善が求められる事態に陥るでしょう。ここにさらに追い打ちをかけているのが、後継者不足です。

　昔であれば、親が開業医ならばその後を子どもが継ぐのが普通のように考えられていましたが、近年は子どもの意見を尊重する親が増えていて、子どもが親とは違う診療科目を選択していたり、そもそも医師でなかったりということが少なくありません。勤務医として先端医療に携わり続けたいと病院に残る子どももいれば、自分が経験してきた苦労を子どもに味わわせたくないと後を継がせることに消極的な親もいます。

そのため、後継者不在で閉院するクリニックも少なくないのです。

しかし、一つの医療施設に対する依存度が高い地域において、病院やクリニック一カ所が閉院するのは簡単に片づけられることではありません。一カ所閉院したことで半径数キロメートル圏内に医療施設が一つもなくなってしまったという事態にもなりかねないからです。

その医療施設に通っていた患者は、ほかの医療施設を探すことになりますが、近くにないとなると移動の問題が出てきます。人口減少が進んでいる地方の場合、公共交通機関が少ないことが多いので自家用車で通わなければなりませんが、高齢者となると運転に不安を抱えている人もいるでしょう。家族に送り迎えしてもらうにしても、家族に余計な負担をかけるのは申し訳ないと考える高齢者もいると思います。核家族化が進んだ現代では、子どもたちは実家を離れて生活基盤を築いていることも多く、送り迎えを手伝ってくれる家族がいないというケースも考えられます。患者にとって、かかりつけの病院やクリニックが閉院するというのは、本当に影響の大きなことなのです。それなら新たに病院やクリニックをつくればいいと思われるかもしれません。でも、病院は地域ごとに病床の制限があるため、一度閉院してしまうと新規開業は非常に難易度が高くなります。

無床のクリニックの開設自体はそれほど難しいことではありませんが、新規開業となると経営が安定するまでそれなりの期間が必要になるため経営という面で苦労することになる可能性があります。「とにもかくにも開業すれば儲かる」というイメージは過去のものになりつつあるといっても過言ではないでしょう。

そこで、新たな承継の形として〝M＆Aによる医業承継〟をもっと多くの人に知ってもらいたいと思い、本書をまとめようと考えた次第です。

経済合理性も高いM＆A医業承継

私が医業承継のお手伝いを手掛けるようになったのは、4年くらい前のこと。もともとは弊社で、医療機関に医師を紹介する医師紹介事業部長を担っていました。その中で、「企業に後継者問題がある以上に、『医療機関の後継者問題』が社会的な課題になっていく……」と強く感じ、医業承継の支援事業を立ち上げたのです。ただ、M&Aに関する知識が潤沢にあったわけではありません。そのため、本屋でM&Aや医業承継に関する書籍を買ってきたことを覚えています。しかし、当時世の中で出回っていた医業承継に関する書籍は、医療法に関することばかりであったり、M&Aに関する基礎的な知識を体系的に学べたものの具体的な承継のプロセスをイメージすることができない書籍ばかりでした。

それでも必死に勉強して、実際に医業承継のお手伝いをするようになってみると、想像していたより難しいことではありませんでした。医業承継の存在を知っている人たちは、医療施設を承継する一つの選択肢として、当たり前のように取り組んでいたのです。医業承継の結果、後継者がおらず閉院するしかなかった医療施設が存続できることになり、地域医療が守られたという事例をいくつも目にするようになりました。

医業承継には経済合理性もあります。地域に根を張り、多くの患者が通っている医療施設を引き継ぐので、開業直後から患者がいます。承継前に勤務していた看護師などのスタッフにそのまま働き続けてもらうこともできるため、新たに採用し直す手間もコストも削減できます。新規開業では開業初年度には赤字になるケースもありますが、医業承継であれば初年度から一定の売上が見込めるため、初年度黒字スタートということも可能です。

また、医業承継であれば、新規開業に比べて3分の2くらいの初期費用で開業することもできます。医療機器などの減価償却も進んでいるので、イニシャルコストも低く抑えられます。

このように経営的に安定しやすいため、承継後に開業医が理想とする医療提供に向けて計画的に投資や準備を進めていくこともできるのです。

開業医が自分で医療施設を開院する理由の多くは、自由に自分の考える医療を追求したいというものでしょう。医業承継であれば、その思いを実現しやすい環境を手に入れることができるというわけです。

もちろん、M&Aによる医業承継にも難しい部分はあります。

一つは倫理的抵抗感といったものでしょうか。医療機関は非営利の組織であり、売り買いすることに抵抗感を抱く人は少なくありません。

また、医療法や行政の手続きも複雑です。特に行政の手続きでは、保健所や医療法人を管轄する都道府県、法務局など、多岐にわたります。ガバナンスに関しても株式会社とは異なり、社員や理事の構成などの特殊性も存在します。

さらに、医療機関の理事長や管理者は医師でなければならず、誰でも引き継げるわけではないため、医師とのネットワークを保有していなければ相手探しに難航するでしょう。

しかし、医業承継の実績豊富なパートナーを見つけることができれば、これらも乗り越えることができます。

そこで本書では、医業承継をもっと身近に感じてもらうため、医業承継によって独立開業を実現した人や、自分の理想とする医療を追求している人などの実例を紹介することに主眼を置きました。

先輩方の成功譚を見ることで、開業を検討している人たちの一人でも多くに「開業するには、こんな方法もあるのだ」「これなら自分でも開業できそうだ」と思っていただければ幸いです。

株式会社エムステージマネジメントソリューションズ
代表取締役　田中宏典

Contents

Contents

Chapter 2 M&A「医業承継」だから、大きなメリットが

Chapter 3

これだけは押さえたい、医業承継の基礎知識

おわりに

Contents

Chapter 1

成功者の〝物語〟から実践法を知る

M＆Aでの医業承継というものが
あるのは知っているけれど、
「なんだか難しそう……」と
思われている方は多いでしょう。
ただ実際は、
そんなことはないのです。
先輩方が実践した、
11の「成功物語」をご紹介しますので、
それぞれのSTORYから、
そのノウハウを手にしてください。

物語

01

父親の事業譲渡を思い出し、自身が思い描き、運営・経営する医療機関を

――エリア：関東 買い手：医療法人社団L&P Medical理事長・**飯島隆太郎**さんのケース

飯島隆太郎さんが理事長を務める医療法人社団L&P Medicalは、「医療を提供する側も、される側も、安心できる健康的な医療提供体制の実現」を理念に掲げています。

この思いの根底にあるのが、高校2年生のときの体験と新型コロナウイルス禍だったそうです。

飯島さんの父親は、消化器内科の開業医でした。近くに同じ科のクリニックがなかったこともあって多くの患者が通っていたそうです。日曜日の午前中も診療していて、多い日には100人ほどの患者が通ってきたといいます。

しかし、飯島さんが高校2年生のときに父親が亡くなってしまいました。「進行性の病気で具合はあまりよくなさそうでしたが、亡くなる前日もクリニッ

クに出て診察していたので、あまりにも突然のことでした。慌ただしく葬儀を終えて少し考える余裕が出てきたときに、クリニックに通っていた大勢の患者さんはどうなるのだろうと……」

近くに受け入れてもらえるクリニックはなく、父親が経営していたクリニックがなくなってしまっては、大勢の患者が長い距離を移動してどこかの医療機関に通わなくてはならなくなります。

その窮地を救ってくれたのが、「承継開業」という手法でした。医師会のネットワークによって引き継いでくれる医療機関を探し、最終的に地域の病院のサテライトクリニックとして存続することが決まったのです。

「父が設立した医療法人は閉じてクリニックを事業譲渡し、譲渡先の病院から医師が来ることになりました。クリニックで働いていた職員も希望者は残ることができたようですし、一カ月ほどの空白期間ができてしまいましたが、クリニックが残ったことで、患者さんもほかの医療機関を探すことなく継続して診てもらえることになり安心しました。父が亡くなったとき、私はまだ高校生で医師でもなかったためクリニックを閉院するしかないだろうと思っていたのですが、承継開業という方法で地域の医療を守れることを知り、感動したことを覚えています」

その後、飯島さんが医師の道へ進み、腎臓内科の勤務医として病院で働き始めてから間もなくして、新型コロナウイルスが猛威を振るったのです。

「みなさんニュースなどで知っているとは思いますが、医療現場は本当に大変でした。そのことは医師としてやるべきことなので頑張れるのですが、疑問に思わざるを得ないことも多々あったのです。それは内科ばかりに大きな負担がのしかかっていたことです。新型コロナウイルスによって肺炎になる患者さんがいるので内科がメインで対応するのは理解できますが、初期対応は内科でなくても対応できます。しかし、すべてを内科が担っていて……。病院運営を担う上層部へ伝えて改善をお願いしても動いてもらうことはできませんでした」

これが一つのきっかけとなり、日頃から感じていた疑問が無視できないほど大きくなっていったといいます。例えば、当直の問題です。当時は働き方改革以前でしたので、なんと、当直として夜勤をした後、そのまま日勤も担当して36時間連続で働き続ける医師がいました。これについて病院へ改善をお願いしたのですが、何ら対応してもらえませんでした。

「もやもやとした思いを抱くにつれて、医療現場で奮闘している医療従事者にとって働きやすい職場を整えたい、という思いが強くなっていきました。でも、病院経営や運営に携わるには、せめて腎臓内科のトップにならないといけません。それにはかなり時間がかかります。また、現場にいれば医療・医学における実績を積み上げられますが、病院の経営を学ぶような機会はほとんどありません」

近年は、異業種から医療業界へ進出する企業も増えています。その中には経営に長けているところもあると思いますが、その動きには一抹の不安を感じると飯島さんは続けます。

「医療の現状を十分に理解して、医療業界の未来を見据えてしっかり経営してくれるのであればいいですが、営利目的で医療を行うところが結構あるように感じています。倫理観をもってきちんと医療を提供してくれるところでなければ、患者さんのためにならないですし、医療現場の働きやすさ向上というところまで目は向かないのではないかと思うんです。それなら自分でやろうと考えるようになりました」

そこで思い出したのが、父が亡くなったときに知った承継開業という方法でした。飯島さんが思い描く医療の在り方を実現するためにはある程度の規模が必要になってきます。新規開業するには多額の費用がかかるため、規模を求めるには資金力が欠かせません。しかし、20代後半だった飯島さんにそこまでの余力はありません。そこで、初期投資を抑えることができる承継開業に活路を見出そうとしたわけです。

しっかりとした軸が意思決定のスピードを上げる

「医療現場で感じた〝現場と運営・経営側との乖離〟を改善して現場と運営の橋渡し役となりながら医療現場を変えていくにはどうしたらいいのか——その答えが、自分が運営・経営できる医療機関グループを組織するということでした。ただ、経営経験のない私が、いきなり病院など規模の大きな施設を運営するのはハードルが高すぎます。金融機関も、当時30歳にもなっておらず何の実績もない私に多額の融資をしてくれるとは思えませんでした。そこで、まずはクリニックを承継して、自分の目が行き届く規模感で運営と経営のノウハウを学び、実績をつくろうと考えました」

しかし、承継開業に関する知識もほとんどない状態からのスタートだったため、まずは承継開業を仲介している会社のWEBサイトに複数登録してサイトを巡回するところから始めたといいます。仲介サイトには売りに出ている案件を検索できる機能があるためそれを利用しました。「医業承継」や「医院開業」といったキーワードで検索して、地域と売上・利益の関係を見続けたそうです。

「あの頃は、具体的に案件を探そうというよりも自分がどのような案件にトキメクのか、軸を見つけようとしていました。10サイトくらいを定期的に巡回していたと思います。そうしているうちに、自分が求めている案件の条件というものがはっきりしてきたのです」

飯島さんは、患者にも医療従事者にとっても満足できる医療施設をつくりたいと思っていました。ところが、仲介サイトに出ている広告や情報誌などを見ると、医療現場と経営に追われて疲弊している開業医の現状を幾度も目にすることになります。飯島さん自身がそうなってしまっては意味がありません。目標を実現するには、医療現場のことをわかっている自分自身が経営に多くの時間を費やすことが欠かせないからです。そこで、自分は医療法人の理事長となって経営・運営に注力し、現場であるクリニックは院長に任せるという自分なりの軸を見つけたのだといいます。

しかし、医師を採用するのは非常に難しいという現実があります。ましてや、院長を任せられる医師となると一層難しくなることは目に見えていました。そこで、承継後も引き続き医師が残ってくれる案件、できれば看護師をはじめスタッフも残ってくれる案件を探したそうです。

「承継した後、早急に経営が安定することも重要です。そのため赤字になっていないクリニックはないかと……。ここまでくるまでには、介護老人保健施設や訪問介護など、クリニック以外の案件も検討していました。そうこうしているうちに3年ほどが経過してしまったのです」

これほど時間がかかったのには、コロナ禍で医師としての仕事が非常に忙しくなっていたことも関係しています。でもそのおかげで、時間をかけてじっくりと自分の軸を固めることができました。また、経営、特に財務と会計について勉強する時間も確保できたといいます。クリニックを経営するには、BS／PLを読み解けなければ話になりません。そこで、「薄い本でもマンガでもいい」ので何度も読み返して自分のものにしていったそうです。

「軸が定まっていたおかげで、本格的に案件を探すようになってからはスピーディに意思決定できましたし、財務・会計を学んだことで承継後にどうすれば経営が成り立つのか、ある程度イメージすることもできるようになりました。例えば、地域の人口動態など市場環境から売上を大きく伸ばすのは難しくても削れる経費がありそうだから利益は伸ばせるとか。今振り返っても、あの時間は有益だったと思います」

クリニックの変革はじっくりと

本格的に案件を探し始めてから飯島さんの目に留まったのが「おおふな皮ふ科」というクリニックでした。大船で開業してから7～8年経ったクリニックで患者数も経営も安定していました。運営しているのは医療法人で、ほかに内科と心療内科のクリニックを経営していましたが、皮膚科のクリニックの管理医師(院長)が独立開業することになり、皮膚科の診療所だけを譲渡することにしたのです。

そのクリニックは週7日診療を受け付けていて、かつ常時2診体制を敷き、多くの患者が通っているという、とても条件のいい案件でした。そのため、飯島さんのほかにも買い手に名乗りを上げる医師が複数人いました。その中で飯島さんはもっとも若かったのですが、その若さが不利になる懸念がありました。売り手としては、譲渡後もしっかりとクリニックを運営してもらいたいため、経験の浅さをマイナスと判断される可能性があったからです。

しかし、それは杞憂でした。飯島さんが承継開業を考えた経緯や将来の目標など、彼のしっかりとした軸を聞いた売り手側が飯島さんのことを信用してくれたから。売り手と買い手候補の面談時に彼の考えを聞き、その真面目な人柄に触れたことで今いるスタッフたちを安心して任せられるとまで感じたようです。

両者の信頼関係がいかに深かったのかを物語るエピソードがあります。承継開業にあたって新たに看護師やスタッフなどを採用する必要があったのですが、飯島さんに採用や育成のノウハウはまったくありません。そこで譲渡側である医療法人が新規スタッフの採用や教育にも対応してくれたのです。このように売り手と買い手が協力関係を築くことができたこともあって、飯島さんが案件を知ってから譲渡契約を結ぶまで5カ月しかかかりませんでした。

ただ、すべてが順調だったのかというと、そうではありません。承継後に引き続き勤務する予定の管理医師が開業で退職を予定していたため、後任の医師を探す必要があったからです。

「医療系の人材紹介会社などにも協力してもらいながら何とか医師を確保するこ

とはできたのですが、私が経営に専念できるほどクリニックのほうを任せることができなかったのです。結局、再度医師を採用しなおすことになりましたが、医師のリクルートや教育、私が思い描く理念を共有することの難しさを最初に経験できたことが、今に活きていると感じています」

ちょっとした躓きはありましたが、そのほかの点については順調に運んでいます。承継によって経営母体が変わることを、以前から働いていた看護師やスタッフは不安に感じるものです。長く通っている患者も治療方針などがガラリと変わってしまうと戸惑うことでしょう。そこで飯島さんは、承継後も3カ月間は何も変えず、以前のやり方を守ることにしたといいます。

「その間、スタッフの方や患者さんと会話しながら様子を見ました。その上で、みなさんが負担やストレスに感じない程度に少しずつ自分流に変えるよう、かなり気を遣いましたね」

例えば、以前は福利厚生の一環としてお昼の食事はお弁当を出すことでスタッフ全員分をクリニックが負担していました。これを廃止することにしたのですが、業務連絡のように全員一斉にアナウンスするのではなく、スタッフ一人ひとりに「なぜ廃止するのか」「今後はその分をスタッフの頑張りに応じて給料に反映させていくこと」などを説明していきました。

働きやすい環境づくりについても取り組み始めています。診療を週7日から週6日に減らした一方、医師や看護師、スタッフの人数は増やしています。

「医師は院長のほか定期的に来てもらっている非常勤の先生が一人いて、月や週に数回来てもらっている先生が2人います。さらに、常勤の医師を一人採用しました。受付をはじめ事務をお願いしているスタッフは5人いて、看護師も3人働いてもらっています。クリニックの規模を考えると多いほうだと思います。その分、スタッフ一人ひとりの業務量は分散されて、負荷を軽減できているのではないでしょうか。そのおかげか、今のところスタッフが急に何人も辞めて、クリニック運営が回らなくなるといった事態は起こっていません」

この経験を活かして、すでに2件目となるクリニックも承継によって開業。次は病院の承継に向けて動き始めています。

「2030年を境に医師の需給バランスが逆転し医師余りの時代がくるといわれています。それに伴い病院も集約されていくはずです。その流れに耐えられるだけの規模の医療機関グループを築き上げたい――そのためにも、患者さん、スタッフ双方から選ばれる医療施設づくりに邁進していきたいと思っています」

M&A成功のポイント

アドバイスを受けながら、的確な事業計画を！

① 金融機関担当者が上長に通しやすいプランを練る

飯島さんの専門は腎臓内科ですが、承継しようとしているクリニックは皮膚科で、しかも、若く経営の実績もありません。そのため、事業計画書は売上を10%減少と25%減少の2パターンで作成した上で、それでも経営が成り立ち、返済が可能な収益構造で提示。さらに、飯島さんは勤務医時代にERなど救急対応を経験し、アルバイトで自由診療の経験もあったため、保険診療に加えて、これまでクリニックで実施していなかった脱毛や美容メニューなどの自由診療を行うことで経営面が安定するという仕立てにしました。要は、金融機関の担当者が上長や審査部門に説明しやすい内容を意識することです。

② 100回恥をかくつもりでアドバイスを請う

承継開業では、売り手と買い手のマッチングからデューデリジェンスのための資料作成、金融機関対応など、さまざまなサポートを仲介会社から受けることになります。承継開業の実務経験がない医師にとって専門家である仲介会社のサポートは非常にありがたいことですが、医師としてのプライドが邪魔をしてアドバイスを素直に受け入れられないことがあります。質問したいことがあるのに聞けないことも……。そのため、承継開業を成功させたいのであれば、「100回恥をかくつもりで仲介会社にアプローチする」ことが大切だと飯島さんは話してくれました。

物語

02

設備や機器ごと引き継ぎ、自身が望む形での独立を成し遂げた整形外科医

――エリア：関東 買い手：二子玉川整形外科クリニック院長・**八百陽介**さんのケース

「私が求めている条件のハードルが高いことは十分知っていました。だから、納得のいく案件が出るまでじっくり待とうと腹をくくっていました」

こう語るのは、二子玉川整形外科クリニック院長の八百陽介さんです。その条件というのは、手術室のあるクリニックであること、CT（コンピュータ断層撮影）、MRIなどの検査機器も引き継げることでした。場所についてもどこでもいいわけではなく、ある程度の患者数が見込める立地を希望していたのです。

正直なところ、ここまで条件が整った案件はほとんどないといってもいいくらいでしょう。事実、八百さんが今の案件で承継開業を実現する前、検討に値する案件が出てきたのは5年も前だったといいます。

「東京都の日野で手術室とCTのあるクリニックが継いでくれる人を探しているという話があったのですが、安定的な患者数を見込めそうもないと判断してやめ

ました。高齢者の割合や人口の増減などを見たとき、私が考える水準を満たしていないと考えたからです」

八百さんがここまで条件を絞り込むのには理由があります。それは医師としてのやりがいです。

「勤務医時代から、長らく整形外科手術を担当してきました。そのため、自分でクリニックを開業するにしても、手術ができる設備、環境は維持したいと思っていたのです。勤務医時代に患者さんからさまざまな要望を聞いていましたが、その中には、日帰り手術をしてもらえると助かるという声もありました。働いている人は早く仕事に復帰したいので、入院は避けたいという方が少なからずいらっしゃいます。もし、そんな要望にクリニックが応えられれば喜んでいただけるじゃないですか」

また、自分の仕事に対して報酬という形で正当に評価されることもやりがいの一つです。しかし、勤務医時代、ある病院ではそのやりがいをあまり感じられなかったと続けます。

「私は不動産投資が好きということもあって、医師の仕事についてもＰＬ（損益計算書）をつけていました。当時、手伝いにいっていたクリニックで開業医から収入の内訳を聞いていたこともあって、自分の収入を計算したことがあったんです。一カ月で自分が手掛けた手術から自分がどのくらい売り上げているか把握していたので、算出することは簡単だったのですが、院長からはとてもそんな額は払えない、と。その頃から自分で開業したいという思いが具体的になっていったような気がします。そのほかにも、さまざまな要因が重なり、医療法人の理事長が、仕事の内容など関係なく血縁者などお気に入りの人ばかりを優遇していることも知り、独立を決意しました」

既存患者がゼロに！

何年も腰を据えて希望の案件を待ち続けた結果、最上に近い案件の話が出てきました。場所は、東急田園都市線と大井町線が乗り入れている二子玉川駅から徒歩3分という好立地です。駅前には、さまざまな複合商業施設やスーパーマーケットなどがそろっていて、いつも賑わっています。東京都・世田谷区にある二子玉川エリアは、若い単身者やディンクス、ファミリーに人気が高く高齢者だけでなく、若い世代の流入も多いのが特徴です。クリニックを運営するにはいうことなしの診療圏だといえるでしょう。

「前述のように、私は不動産投資が好きですので、街のポテンシャルに着目して入念に調べるようにしています。その点、二子玉川というエリアと駅から3分というクリニックの立地は申し分のないものでした」

しかも、手術室だけでなく、CTにMRIまでそろっていたのです。

「承継開業を目指すにあたって、自分が考え得る最高の物件の条件というものをあらかじめ整理しておきました。このクリニックは一階ではないということと有床ではないという2点以外は、すべての条件がそろっていました」

ただ、何も問題がなかったかというとそういうわけではありませんでした。一つは、もともと当クリニックの院長だった医師が内視鏡手術のエキスパートで、患者が全国から先生目当てにこのクリニックに来ていたこともあり、外傷などの症状を診ていた八百さんとは専門分野が異なっていたことです。そのため、承継した後の患者と既存の患者の層が重ならない可能性が高かったのです。

「ですので、承継開業ではありましたが、私の気持ちとしては新規開業という思いが強かったです。実際、既存の患者さんはまったく引き継げませんでした。患者さんに関しては、まさにゼロからのスタートでした」

しかし、八百さんはインターネット広告の運用に関する知識があったため、ネット広告を活用してクリニックの認知度向上に努めたといいます。何よりも、八百さんの「患者に寄り添う治療方針」が口コミで広がり、あっという間に新規患者が増えていきました。

「慢性の疼痛に悩まされている患者さんやヘルニアで体を動かしづらい患者さんなどの中には、痛みがあっても手術を希望しない方もいます。そのような患者さんには、ブロック注射という治療法を行っています。すぐに仕事に復帰したい方のために、日帰り手術で対応するのも患者さんの要望に応えるためです。また勤務医をしていた頃、勤務先にはＭＲＩ設備がなかったため、検査が必要な患者さんには、わざわざ連携する病院まで足を運んでもらう必要がありました。痛みを抱えている患者さんにとって、それは負担でしかなかったため心苦しく感じていたのです。でも、ここならＣＴもＭＲＩもあるので、すぐに検査できます」

このような真摯な治療方針が、患者にも好感を与えたのでしょう。

承継後も元日から診療を開始していたのですが、４日目には新規患者が20人を超えたといいます。現在では、一日に120～130人ほどの患者が来院しているそうです。

もう一つの問題は、〝時間のなさ〟でした。売り手である医師は首都圏でもう一つクリニックを経営していましたが、子どもに経営を引き継ぐにあたって一カ所を整理して効率的に経営したいと考えていました。そのため、すでに物件からの退去日が決まっていて「一カ月の間に承継先を決めたい」という要望を持っていたのです。このクリニックは賃貸だったため、退去する際には原状回復しなければなりません。そのための工事期間を確保するには、引き継ぐ人がいるかどうかを、最低でも退去日の一カ月ほど前までに見極める必要があったのです。

医業承継の場合、買い手が売り手から売却内容や条件の情報を受け取ってから意思決定するまでに、数カ月の時間がかかることも珍しくありません。数千万円という大きな買い物であり、開業後の運営費まで見込んで、それなりの額の融資を受けることにもなるため、買い手としてもじっくり検討したいと思うのは普通のことだといえます。ただ八百さんの場合、検討に検討を重ねる十分な時間があったおかげともいえますが、自分が理想とするクリニックの条件を詳細に決めていたことで、即座に意思決定することができました。このスピード感が、この承継開業最大のポイントだったといえるでしょう。

また、退去するとなった場合、CTやMRIなどの医療機器の移設費用や原状回復費用で数千万円を売り手は負担することになります。そのことを思えば、「引き継いでくれる医師がいればお願いしたい」という思いが強かったことも奏功していました。

「CTやMRI、手術室まで設ける改装をしようと思うと2億円ほどかかってしまいます。それが中古とはいえまだまだ使える状態の機器を、かなりの格安で譲り受けることができたのですから、私としても非常にありがたいお話だったと思っています」

短い引き継ぎ期間を有効に使うため、勤務医として働きつつ、週に一日は二子玉川整形外科クリニックで非常勤として働き、前院長の側でクリニック経営の基本を学べたこともよかったといいます。

「経営を安定させるための方法など前の院長から教えていただけたことは、今も役立っています。看護師をしていた妻が事務員として毎日入ってくれたのもありがたかったです。私は、医療事務についての知識はほとんどなかったので、そこをカバーしてくれたおかげで、順調なスタートを切れたのだと感謝しています」

開業するなら承継開業一択

既存の患者がゼロになるという想定外のスタートを切ることになった八百さんですが、すぐに患者数は回復し初年度から2億円以上の売上を計上しています。その後、リハビリテーションルームも設置して、患者の要望により広く応える体制を整えるなど二子玉川整形外科クリニックの進化に余念がありません。

「診療日も以前の週4日から週5日へ、そして現在は週7日に変更しています。開業当初は火曜日と木曜日を休診日にしていたのですが、日帰り手術を希望する患者さんに月曜日手術をすると、術後の経過を見ることができるのが水曜日になります。非常勤の医師に入っていただき毎日診療できる体制を整えたことで、手術した翌日もしっかり患者さんを診ることができるようになりました」

進化という点では、2件目となる分院の整形外科クリニックも承継開業によってスタートさせています。二子玉川整形外科クリニックを開業した後、医療法人をM&Aによって購入。二子玉川整形外科クリニックを定款変更で紐づけた後には、都内にあった別の整形外科クリニックも購入して、こちらも医療法人に組み込みました。

さらに、二子玉川整形外科クリニックと都内の整形外科クリニックを購入するときは諦めていた「有床クリニック」の承継開業に向けて、準備を進めているといいます。3件目の承継がうまく運べば、さらに対応できる治療の幅が広がり、八百さんがやりたい医療を実現できることになるはずです。

「独立開業しようと思い立ったとき、多くの人は親の医療機関を継ぐか、新規開業するかしか選択肢を思いつかないと思います。でも私は、M&Aによる承継開業しか選択肢はないとまで考えています。安定した経営が望めるだけの患者数が期待できるような立地は、当然賃料が高くなります。新規開業となれば、高額な医療機器もそろえなければなりません。開業コストが非常に高くなってしまいます。でも、承継開業であれば医療機器を格安で手に入れることができますし、私の場合はできませんでしたが、既存の患者さんを引き継ぐことも期待できます。ここで節約した費用を理想のクリニックづくりのために投資することも。これだけメリットのある承継開業を選択肢に入れない手はないと思います」

M&A成功のポイント 譲渡所得税がかからないように、承継スキームを構築する

ここで紹介した承継開業においては、かなり安い価格で医療機器付きの施設の譲渡価格を設定したため、「低廉譲渡」と見なされ譲渡所得税が課税される可能性がありました。そのような誤解が生じないよう、慎重に承継のスキームを構築する必要がありました。

ポイントとなったのは、妥当な金額だということの裏付けをしっかりと提示できるようにしたことです。売り手がこの物件を借りる際、手術室や大きな検査機器を設置するため、大規模な内装工事を行っていました。従って、退去後にこの物件を飲食店など、ほかの業種が借りることになれば、もしくはクリニックであっても手術室や検査機器を必要としない診療科だった場合、多額の費用をかけて原状回復しなければなりません。そのため、施設をそのまま引き継いでくれる承継先を探すために買い手を募集していたのですが、当初設定した価格では買い手がつきませんでした。今回設定した譲渡価格は買い手を見つけるために必要な引き下げであり、譲渡価格はマーケット的に妥当な金額だといえる資料をそろえたのです。

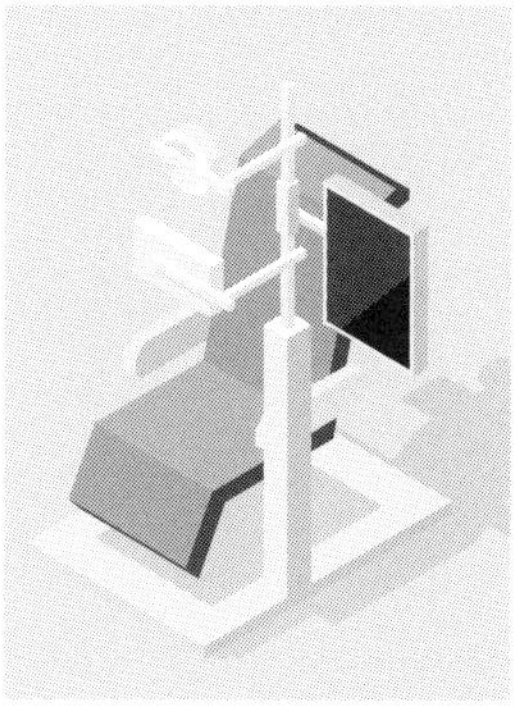

また、事業承継における税務論点はたくさん存在するため、承継後も、承継前の税理士に引き続き税務顧問をお願いすることが好ましいでしょう。

物語

03

「理想のクリニックを！」自宅兼診療所の施設承継を選んだ医師の選択

――エリア：九州　買い手：池田小児科内科クリニック院長・**黒田亮太**さんのケース

「クリニックがある福岡県福岡市東区名島を最高の場所にできれば、そこで育った子どもたちが成長して一度は地元から巣立ってしまっても、『ここで子どもを育てたい』と帰ってきてくれるでしょう。『あそこの先生みたいになりたい』と、私をきっかけに医者になる子どもたちが出てきてくれるかもしれない――そうなればいいなと思って頑張っています」

池田小児科内科クリニックを承継開業した黒田亮太さんは内科医であり、救急科専門医であり産業医の経験も持つ医師です。しかも、医師でありながらＭＢＡを取得している珍しい人でもあります。

そのため、勤務医の頃から医師という視点だけではなく、経営の視点からも患者のウェルビーイングを高められる医療環境づくり、スタッフにとっても最高の職場環境づくりに力を尽くしてきました。

ただ、それを面白く思わない同僚や上司もいました。「出る杭は打たれる」ではありませんが、余計なことはするなと疎まれたり、苦い思いをしたりすることが少なくなかったといいます。勤務医という立場上、自分の思う通りに改革を進めることはできず、最終的には「辞めてくれ」とまでいわれることに……。そこで自分の思うようにできる立場で働こうと決断したといいます。

選択肢はいくつかありました。ゼロから思う通りにクリニックをつくることはできても初期費用が高額な新規開業、クリニック内の環境づくりにはある程度の自由度が期待できる雇われ院長になる、そしてM&Aによる承継開業という方法です。この中で「スタートダッシュを切れる承継開業」を選ぶことにしました。

「地域で一番の医療施設をつくって地域を良くしたいという強い思いがありました。そのためには自分の力が隅々までおよぶ規模で、かつ地域一番を数年以内に達成可能な組織である必要があるな、と。となると看護師やスタッフが10人くらいまでのクリニックだろうと考えました。収入のことだけを考えれば数百床ある病院という選択肢もあるのでしょうが、地域一番を本気で目指すには、10年単位の時間が必要になります。それは私のやりたいこととは違いました」

池田小児科内科クリニックは、承継開業の話が出た時点ですでに32年も続く老舗のクリニックで、地域住民からの信頼も厚く、親子2代、3代でお世話になっている患者もいました。口コミのレビューも4・2点ほどと非常に高く、地域で2番目くらいの高評価を受けていたそうです。

患者が途切れることはなく、安定して高い収益を上げていましたし、前院長も相応の報酬を得ていましたが、それでも医療法人への内部留保は2億円ほどを残していたのです。つまり、業績、財務的にとても優良なクリニックだといえます。

ただし、懸念点もありました。前院長は一人で小児科・内科の両方を診ており、患者のニーズもあることから、承継後も両方の診療科を引き継いでほしいという要望があったことです。小児科は専門性が高いため、医師の専門分化が進んでいる昨今では、内科と小児科の両方の経験を持つ医師は限られているのが現状です。

「私も小児科の専門性となると経験不足は否めませんでした。しかし、クリニックにとって大切なことは、患者さんの症状を診て専門性の高い小児科のある病院へ送るべきかどうかの見極めを間違いなく行うことです。その点については救急の経験があるため自信がありました。救急時代に子どもの外傷などの診療もそれなりに経験していましたし。それにもっとも大きかったのは、前院長である池田先生が2階に住んでいらっしゃることです」

池田小児科内科クリニックは、池田前院長がおよそ30年前に一階が診療所、2階が自宅となる住居を建てて開院しました。時が流れ、自身も71歳と高齢になったため、健康なうちに引き継いでくれる人を見つけて、地域医療を守り続けたいというのが、承継を考えた理由でした。ただ、診療所兼自宅でもあるため、承継後も2階に住み続けることになります。

承継後も前の院長が同じ建物内にいるという状況を敬遠する人もいます。自分の思う通りのクリニックをつくろうと思っていたのに、前院長から何かいわれるのではないかと警戒してしまうからです。

しかし、黒田さんはその状況が「最高だ」とプラスにとらえています。

「診療所の2階に上級医がいるようなものですからね。いつでも相談できるのは本当に助かっています。承継してから一年ほど経ちますが、今も2～3週間に一度くらいは池田先生に知恵を借りています。それに週に一日、池田先生に診察に出ていただいているのですが、以前から通ってきている患者さんにとっては、池田先生がいらっしゃるということが大きな安心材料にもなっています」

承継に向けた面談で、池田先生の人柄や臨床医としての技量の高さ、対応の柔らかさを知り「この先生なら相談できる」と直感。池田先生も黒田さんの思いや考え方に共感し、わずか5カ月間で最終契約までこぎつけることができました。

スタッフとの良好な関係づくりに腐心

「池田先生が築き上げたブランドを棄損しないようにしながら、いかに黒田ブランドを上塗りしてより一層価値を高めていくか――」

さらなる価値向上に向けた取り組みは、院長交代の前から始まりました。譲渡契約締結後すぐに院長となるのではなく、勤務医を続けながら4カ月間、週一回非常勤医師として池田小児科内科クリニックで働いたのも一つです。

その意図はいくつかあったといいます。まずは、池田先生から小児科を継ぐための知見を吸収することです。また非常勤として診療するときには、池田先生から「次の院長です」と紹介してもらったといいます。患者が信頼している医師から後を任せた人物だと紹介してもらうことで、患者に安心して通い続けてもらうためだったといいます。承継開業の場合、院長が交代することで2割ほど患者が減少するものです。そのため、新院長になるまでの一定期間、週幾日か非常勤医師として勤務することで院長の交代をスムーズなものにして、患者離脱の割合を少しでも抑えることにつなげることはよく使われる手法です。

ただ、黒田さんはこの期間をより有効活用しています。

一つは、看護師などスタッフとの関係を深めることに注力したことです。院長が交代するとスタッフが辞めてしまうことは少なくありません。それを防ぐため、「黒田という人物がどのような人なのか」を知ってもらうための期間にするべく、積極的にスタッフの輪の中に入っていったといいます。

「休憩時間や昼休みにはスタッフルームでご飯を食べながら、将来自分がこのクリニックを引き継ぐということを話しました。スタッフのみんなの給料を上げるためにも電子カルテをはじめ、いろいろなデジタルツールを入れていくことも話しましたし、なぜ、それを入れる必要があるのか、それはスタッフに一番いい環境で働いてもらいたいからだということも丁寧に説明していきました」

どこかへ出かけたときはお土産を買ってくるし、ちょくちょく差し入れもするそうです。「話しやすい雰囲気を心掛けて、怒ったりもしません」と安心して話せるキャラづくりをしているとも。

最初はスタッフも「変な人が来たな」と見ていたそうですが、次第に黒田さんのことを理解していき、院長になる頃には雑談のできる関係性ができあがっていたといいます。

「私はパソコンやデジタル機器にすごく詳しいので、電子カルテやデジタルツールの導入を業者任せにせず、機種の選定から設置、設定まですべて自分でやりました。朝早くいって配線をまとめたり、ケーブルの掃除もしたりしていたので、その姿を見ていたスタッフも『この人は口だけの人じゃない』と思ってくれたのではないでしょうか。Tシャツで診察したり、スタッフに冗談ばかりいっていたりと普段は不真面目な人間ですが、診察するときは真剣で真面目なので、そこも信頼してくれているのだと思います」

ただ、人間関係を築くのは簡単なことではありません。そのため、黒田さんが心掛けているのが「人との心理的距離感を見誤らないこと」だと続けます。

「恋愛においても今ならこの人をデートに誘ってもいいとか、相手との絶妙な距離感があるでしょう。2人の空気感というんでしょうかね。そこを、日常会話や仕事中の会話の中、相手の態度や口調などから感じて、話す内容や話し方などを使い分けるようにしています」

こういった組織マネジメントなど経営者としての視点からクリニック運営に取り組めるところが黒田さんの強みだといえます。

「違和感」と「感動体験」を大切に

院長になってからも新たな挑戦は続いています。WEB予約システムを入れ、キャッシュレス決済も導入。待ち時間を減らすため、駐車場にライブカメラを導入して空きがあるかどうかをネットで確認できるようにもしています。

「診療開始時間は、午前6時55分に早めました。スタッフの中には、早朝から仕事に出るのは難しいという理由で辞めた方もいます。でも、この取り組みは非常に価値あるものだと思っています。クリニックは9時頃に始まるところがほとんどだと思いますが、それだとクリニックに寄ってから会社や学校へいくと遅刻してしまいます。朝7時に診療できれば、〝遅刻しない価値〟を提供できますよね。それに、9時から10時の間はクリニックが非常に混雑する時間でもあるので、その一部を分散できれば平準化につながり、待ち時間を短縮することもできます。

実際、取り組み始めた週、早朝に訪れた患者さんは5、6人でしたが、現在は17人にまで増えています」

患者数を平準化できれば、待ち時間を短くすることにもつながります。


ただ、クリニックのデジタル化や患者数の平準化といったことは、ほかのクリニックもいずれ取り組むことであり、患者から選んでもらうための差別化ポイントとしては弱い……。そこで黒田さんの強みであるユーモアをクリニック経営に取り入れることで「楽しさ、面白さ」を演出しているそうです。

例えば、小児科クリニックには子ども向けの絵本がよく置いてありますが、池田小児科内科クリニックにある絵本は一味違います。クリニック開業時、友人知人たちに「胡蝶蘭はいらないから自分が好きだった絵本、思い入れのある絵本を送ってくれ」とお願いしたそうです。そんな個人的な思いの詰まった絵本が100冊以上置いてあり、かつ2次元コードがついていてそれを読み取れば気に入った本がECサイトで買えるようになっています。

院内にはYouTubeやアニメのBGMなどが流れていたり、送迎用にトゥクトゥクを導入する予定だったりと、子どもが飽きない工夫、楽しめる仕掛けがあふれているのです。

「違和感をつくるのが大切なんです。どこのクリニックに行くかは、子どもの意見で決まるものです。だから、子どもに『ここはほかとちょっと違う』『楽しいことがある』と思ってもらうことを大切にしています」

黒田さんが院長になってからレビューは池田先生時代よりも増え、地域で一番を維持し続けています。それは、黒田さんが進めてきた数々の取り組みの成果であるとともに、スタッフの意識の変化の賜物でもあると黒田さんはいいます。

設備や内装、小物などをどれだけ良いものに変えても、黒田さんが真摯に、丁寧に患者に対応してもスタッフの態度が悪ければ、あっという間に評判は落ちてしまいます。それを避けるため、スタッフとの一体感を醸成しつつ、スタッフ自身が率先して動ける環境を目指しているそうです。

「患者さんにとって一番いいクリニックであるためには、私の能力だけでは不十分です。看護師の対応の良さとスタッフの対応の良さの3つがそろってようやく実現できること。だから、『君たちがクリニックの価値をつくっているんだよ』とスタッフたちにはよく話しています」

クリニックの一体感を生み出すため、みんなで非日常の感動体験を共有するという取り組みも。例えば、30歳の誕生日を迎えるスタッフに「三十路」にかけて高級味噌を一個プレゼントし、もう一個用意した味噌はみんなで小分けにして持ち帰るようにしたそうです。自分では買わないような高級味噌でつくった料理を食べるという非日常的な感動体験を、みんなで共有することで院内に雑談が生まれます。そして、その感動体験から得られたエッセンスをクリニックにいかに活かすのか。勉強会を開いてそこまで考えられるようにしているそうです。こういった細かい取り組みの一つひとつによって、同じ目標に向かって頑張る組織を醸成していくのだといいます。

池田小児科内科クリニックを黒田さんが引き継いでからまだ一年ほどですが、理想のクリニックを目指すという強い思いと、それを実現するためのさまざまな施策によって、池田小児科内科クリニックにはすでに変革が起こりつつあるように感じられてなりません。しかし、目指すべき理想のクリニックを頂上とすれば「まだ2合目、3合目でしかない」といいます。この先、黒田さんがどのようにして頂上に到達するのか楽しみでなりません。

M&A成功のポイント 地域住民のためにクリニックを残す、これを最優先に

この案件は、出資持分の定めがある医療法人の譲渡となったため、譲渡対価の支払い方法として「出資持分譲渡＋退職金スキーム」と呼ばれる方法を採用。

出資持分の譲渡価格は一般的に医療法人の「時価純資産価額」に「営業権（のれん代）」を合わせて算出します。しかし、この案件では池田先生の意向で、「営業権」ゼロ円となりました。地域住民のためにクリニックを残すことが最優先という理由からです。

また、医療法人にあった内部留保の大半を退職金として支給することで、時価純資産価額が縮小し、譲渡対価をかなり抑えることができました。

多額の退職金支給によって、医療法人のその期の決算では大きな欠損金を計上することになります。ただ、この欠損金は翌期以降に繰り越されて、翌期以降の課税所得と相殺される「繰延税金資産」となるので、承継後の経営にとってプラスになるというメリットもありました。

物語

04

〝地域の宝〟といえる医療施設を守るため、赤字からの再生に力を尽くす

――エリア：全国 買い手：医療法人社団養高会理事長兼医療法人長田内科循環器科医院理事・**小澤典行**さん、養高会副理事長・**徳丸隆文**さん、同法人本部長・**中山裕樹**さんのケース

ここから紹介する2つの事例は、自分たちの掲げる理念や使命を実現するため、組織的にM&Aを活用しながら承継開業に取り組み続けている医療法人グループの話になります。

最初は、「地域医療の宝を守る」という使命実現のため、経営が難しいと敬遠されがちな赤字病院の再生に取り組んでいる医療法人グループです。そのボードメンバーが、循環器内科医・医学博士にして数々の赤字病院の再生に従事してきた小澤典行さんと、病院の事務局長を歴任して医療機関のM&Aや運営支援に従事してきた徳丸隆文さん、経営コンサルティング会社で経験を積んだ後に医療機関のM&Aや運営支援に従事してきた中山裕樹さんです。

この3人が連携しながら、医療機関のM&Aと赤字病院の再生に取り組むよう

になったのには共通の思いがあったからだといいます。

「近年は、事業会社がM&Aによって医療施設を購入し、医療の世界へ参入することが増えてきました。それ自体はいいことだと思います。一企業が複数の医療施設を運営することで、施設間で資金や人材など融通を利かせながら安定的な経営をすることができるからです。しかし、事業会社はどうしても利益を追求しなければなりません。株式会社ともなれば、株主のために経営の危うい医療施設には手を差し伸べにくくなりますし、グループ全体を守るために赤字施設を切り捨てることだって厭わないでしょう。結局のところ、事業会社による医療施設のM&Aには〝投資〟の側面が色濃く出てしまうと思うのです。そこに疑問を感じていました」(徳丸さん)

「しかし、収益性と地域に欠かすことのできない医療機関はイコールではありません。例えば、高齢者の多い地域で住民の方々の医療拠点となっている病院がなくなってしまうと、そこに通っていた患者さんたちは近くに代替となる医療施設がない限り、遠方まで足を運ばなければならなくなってしまいます。高齢者の場合、移動の足がないことも少なくなく、過疎化の進んでいる地域では公共交通機関がないということも珍しくありません。こういう〝地域の宝〟といえる医療施

設こそ、存続させていくべきだと思うのです」（小澤さん）

小澤さんと徳丸さんがある赤字病院の再生を共に手掛けることになったとき、医療を取り巻く課題や問題について毎晩のように熱く語り合ったといいます。また別の機会で知り合うことになった中山さんも2人の考えに共感するところが多く、「一緒にやろう」と意気投合したそうです。

3人が語る「地域の宝」とはどのような病院のことを指すのか。その象徴的な承継案件といえるのが、医療法人社団養高会高野病院です。

高野病院は1980年に個人病院として開設され、1995年に医療法人化されています。所在地は、福島県双葉郡広野町。東日本大震災でメルトダウンが起きた福島第一原発からおよそ22キロメートルの場所にある病院です。震災当時、地震による建物への被害はなかったものの、津波によって一時的に孤立してしまいました。入院患者のうち他施設へ移せる人は何とか移したものの、避難に耐えられない患者37人とともに、当時の理事長・院長は病院に残り、医療を提供し続けたといいます。

震災直後の緊急事態を何とか乗り越えたものの、その後の経営は厳しいものでした。避難によって住民が減ったことで患者も激減。その一方で、認知症で避難所にいられない高齢者が助けを求めてきたり、「故郷で死にたい」と入院を望む高齢者もいたりしたといいます。そのような患者への対応を、理事長であり院長でもあった方が一人で担っていました。新たに人を採用しようと募集しても、「原発が怖い」と人が集まらなかったからです。医師や看護師を集めるには高額な給料を提示するしかなく、一般的に経費全体の6割ほどといわれている人件費が、一時的に9割を占めたこともありました。

院長が亡くなった後は娘が理事長を引き継ぎ、「患者のためにできることを粛々とする」という父親の思いを守るため奮闘するのですが、経営は楽にはなりません。毎月500万円の赤字が続いていたそうです。

「地域唯一の民間病院だったため、これを救おうとクラウドファンディングが実施されたそうですが、集まった約900万円は『県として民間の一病院を個別に支援することはできない』という観点を考慮され、自治体全体の医療財源となってしまい、高野病院に使われたのは一部でしかなかったそうです」（中山さん）

同じ理由から、県の支援も期待できるほどのものは得られなかったといいます。しかし、これほど厳しい経営環境に置かれても、後を継いだ理事長は何とか病院を残そう、地域住民のために医療を提供できる場所を維持しようと手を尽くしていました。

そんなときに、小澤さんたちと出会ったのだといいます。

「これほど地域に貢献してきた病院をなくしてはいけないと思いました。病院を残そうと奮闘し続けてきた前理事長にも感銘を受けました。この病院を残すため自分たちにできることがあるなら最善を尽くす――そう決意して、2023年にM&Aによって医療法人を引き継ぐことを決めたのです」（小澤さん）

前理事長は、以前から病院を引き継いでくれるところを探していたそうですが、病院を取り巻く厳しい現状を知ると、どこも手を引いていったそうです。確かに、経営という視点から見たときに、高野病院に明るい未来はなかなか見出せませんでした。周辺人口は5000人ほどしかおらず、今後も減少していくことは歴然としていました。今は理事長の熱意に共感した医師や看護師が必死に頑張ってくれていますが、その人たちがいなくなった後、新しい人を採用するのは難しいだろうと容易に想像できます。収益性を重視する医療法人や個人にとっては、とてもではないが手は出せない案件だったのです。

「確かに収益性だけを見れば手を出せないでしょう。しかし、私たちが大切にしているのは〝地域の宝〟といえる医療施設であるかどうかです。その点、高野病院は守るのにふさわしい病院といえました。たとえ医師が採用できなかったとしても、私が診ればいいという覚悟もあります。循環器の救急経験もあるので、いざとなれば私が病院に張り付けばいい。そこまで腹をくっていれば、決断はできるものです」(小澤さん)

改革すべきところと守るべきところ

高野病院を引き継いだ小澤さんたちは、病院を維持するために改革を進めました。病床の稼働率を90%以上に上げるため地域包括連携を強化していき、高齢化が進む地域のニーズに合わせて、訪問診療や訪問リハビリを新たに開始しました。さらに、救急を始めるため、救急医療機器導入に向けたクラウドファンディングも立ち上げたといいます。

ただし、何でもかんでも変えればいいというものではないともいいます。

「病院に通ってくる患者さんがいるということは、その病院に通うだけの理由を見出しているということです。そこに配慮せず改革してしまっては、その病院が長く築いてきた文化を壊してしまうことになりかねません」(小澤さん)

「看護師などコメディカルやスタッフの方たちにも、できるだけ残ってもらうようにしています。理由は、患者さんともっとも多く接しているのが、彼ら彼女らだからです。いつもお世話になってきた看護師さんを病院内で見かけると安心するなど、患者さんが病院へ通う理由の一つにスタッフの存在もあります。また、看護師さんだからこそ知っている患者さんの情報というものもあるものです。地域の宝を守るというのは、病院という器だけを守ることではなく、そこに通う患者さんや、患者さんたちが安心して通える雰囲気、文化、空間を守るということでもあるので、変えるべきところは変え、引き継ぐべきものは大切にするというのが、私たちのやり方です」(徳丸さん)

医療施設に関わってきた人たちを大切にするということは、その人たちの思いや立場を尊重することでもあると小澤さんは続けます。

「院長であれば、現場責任者でもありますから、〝この方向へ向かっていこう〟といろいろ指示を出しますが、理事長となると院長の方針や進め方を尊重する必要があります。頭越しに私がいろいろいってしまっては、院長の面子をつぶすことにもなりかねません。このように、赤字病院の再生であっても経営数字だけを追いかけるのではなく、そこで働いている人たちや患者さんの気持ちといったソフトの面にまで目を配りながら、順を追って改革を進めることが大切です」

それに、医師やスタッフの思いを理解するために会話を重ねることで、承継した医療施設が抱えている課題が見えてくることもあると中山さんはいいます。

「現場の状況を丹念に観察しながらスタッフたちと面談していると、抱えている不満や不安と、現場の状況とを照らし合わせたときに改善すべきもの、そうでないもの、早急に取りかかるべきものと多少は猶予があるものなどが見えてきます。医療というのは、結局のところ人によって提供されるサービスなので、課題や問題も人に焦点を当てないとわからないことが少なくありません。そのため、現場の人たちとの関係性の構築は医療施設を経営する上でとても重要な要素になってきます」

小澤さんたち3人は、これまでに赤字病院の再生やM&Aによる医療施設の承継とその後の運営に携わった経験を豊富に持っています。しかし、3人が一緒になり、医療法人グループを形成して活動するようになってからは、まだそれほど時間が経ってはいません。経営している医療法人も養高会のほか、長田内科循環器科医院、健真会と決して多くないのが現状です。そして、潤沢に資金を調達できるわけではないため、どうしても「守るべき地域の宝」を吟味、取捨選択しなければならないといいます。

「そのため今は、着実に実績を積み重ねながら金融機関の信用を築くこと、グループとしての基盤を固めることに力を入れています。資金力を高めていくことで、守れる地域の宝が確実に増えていくと思うからです。赤字の病院単体だけでは黒字化が非常に難しかったとしても、グループ全体の財務がしっかりしていれば、手を差し伸べることができる医療施設を増やすことができます。私たちは多くの利益を出して高く売却しようなどとは考えておらず、守るべき宝がその地域で長く宝であり続けられることを重視しているので、必要以上に利益を追求する必要もありません。赤字でなければ問題ないんです。人口減少や過疎化で経営に苦しむ医療施設が各地にはたくさんあります。その中には、絶対に失ってはいけないところが間違いなく存在するのです。そういった宝を一つでも守るため、私たちはまだまだ挑戦し続けていきたいと思っています」（小澤さん）

M&A成功のポイント 医業承継のサポート経験豊富な仲介会社を選ぶ

Ｍ＆Ａによる承継開業を経験することなど、普通はほとんどありません。個人でクリニックを開業する場合、一生に一度か2度程度のことだと思います。そのため、Ｍ＆Ａによって医業承継を目指す場合、どのような準備が必要で、どういった情報を集めればいいのか、手続きには何があるのかといったノウハウを持つ人はほとんどいないでしょう。

しかし、医業承継には数千万円から一億円以上のお金が必要になります。それだけ多くのお金が動く行為に、ほとんど情報を持たずに挑むのは恐ろしいことだと思いませんか。

そこで、Ｍ＆Ａによる医業承継の豊富な経験を持ち、売り手側の詳細な情報の収集・分析や金融機関へ融資を頼むときのサポート、売り手と買い手の橋渡し役など、さまざまな場面で買い手を支援してくれる仲介会社の存在が重要になってきます。

特に、勤務医から開業を目指す場合、クリニックの経営に関する知見はほとんど持ち合わせていないと思いますので、承継を希望しているクリニックのこれまでの経営状況、財務内容、周辺マーケットから予測できる今後の経営環境など、幅広くアドバイスや情報を提供してくれる仲介会社を選ぶといいでしょう。

物語

05

日本の医療現場が抱える問題解決に向けて、自給・自走できる医療機関を

――エリア：全国 買い手：SAITO MEDICAL GROUP代表・**齋藤浩記**さんのケース

「断る理由がありませんでしたよ。財務的に問題がないし、地域の医療を支えている重要な病院でもありましたから」

こう語るのは、日本各地で病院や介護施設など15法人38事業所を経営する一般財団法人SAITO MEDICAL GROUP代表の齋藤浩記さんです。そして、冒頭のコメントの対象となっているのが静岡県伊豆市、修善寺駅から車で10分ほどの場所にある中島病院です。

同病院には、内科、小児科、耳鼻咽喉科などの診療科目があります。そして、医療療養病棟と介護療養病棟を合わせて70床ほどを有する比較的小規模な病院です。しかし、在宅療養支援病院の指定も受けているなど、高齢化の著しい同地になくてはならない病院として多くの患者に利用されています。

中島病院ができたのは25年ほど前のことになります。「スーパーウーマン」の

ような女性院長自ら診療から入院患者の主治医、さらには当直まで引き受け、24時間365日、病院のために働き続けるという奮闘によって経営が成り立っていた病院でした。しかし、院長も70歳を超えて体力的な衰えを感じ始めてきたことから承継を具体的に考えるようになったといいます。

また経営的には、それまで何とか成り立ってはいたのですが、先を見据えると課題が山積していたのです。

一つは、病院のある伊豆市の人口が現状ですでに3万人ほどとかなり少なくなっており、今後さらに減少していく地域といわれていることです。有識者による人口戦略会議が発表した消滅可能自治体にも挙げられています。現状、中島病院の医療収益は黒字ですが、医療市場が縮小する将来はかなり厳しい経営環境にさらされることが容易に予想できます。

病棟の老朽化という課題もありました。2棟ある病棟のうち先代時代に建てられた旧棟は老朽化がかなり進行していたため、近いうちの建て替えを検討しなければなりません。しかし、病院を取り巻く市場環境を考えると多額の投資を行うにはリスクが大きすぎると思われました。

中島病院を経営していた医療法人は、小児科のクリニックも経営していたのですが、中島病院は高齢者を対象にした医療提供が中心であったため、両者の連携もあまり機能してはいませんでした。かといって、当時は在宅医療も行っておらず高齢者のニーズにも応えきれていなかったといえます。

このような状況を総合的に判断して、承継に名乗りを上げるところはほとんどなかったのです。

しかし齋藤さんは、「人口減少などあまり関係ない」といいます。

「50年くらいの長いスパンで見たとき、人を呼べる魅力ある地域をつくればいいんです。誰も住んでいない場所に一から医療体制をつくっていくようなことはしませんが、中島病院の場合はすでにコミュニティが存在していて、その中で医療機関として機能しています。周りに目を転じれば、修善寺という歴史と魅力を兼ね備えたコンテンツがすでにあるだけでなく、豊かな自然にも囲まれています。これだけのポテンシャルがあり、医療を維持していかなければならないという意義もあるのであれば、手を差し伸べることを躊躇う理由などないというのが、私たちの考え方です」

齋藤さんが語るとおり、SAITO MEDICAL GROUPは、地域の大切な資産である各地の病院を積極的にグループへ迎え入れてきたという実績があります。しかし、高い志だけで将来的に経営が苦しくなることが目に見えている病院をグループに迎えた結果、グループ全体の財務が悪化していっては本末転倒でしょう。ただ、「運用益による新しい医療機関経営の在り方を実現する」ことによって、その問題も乗り越えられると齋藤さんは指摘します。

「今の医療が抱えている最大の問題は、現在の診療報酬制度にあります。つまり病院は、患者さんを診療することでその内容に応じて点数がつき、それが収益につながり、経営の基盤となっていくのです。そのため、病気を減らそうと予防に注力していった結果、患者さんが減少していくと自分たちの首を絞めることになります。そのような仕組みだからこそ、病院は少しでも多くの患者さんを診療すること、さらに、少しでも点数の高い診療をすることに目が向きがちになってしまっています。また、診療圏の人口減少が、そのまま病院経営の悪化に直結してしまうのです」

さらに、日本全国どこでも同質の医療を受けられるという日本独自の仕組みにも問題があるといいます。診療報酬制度で医療施設の収入が決まるため、診療を担当する医師が研修医であっても脂の乗り切ったベテランであっても、たとえ、どんな病気も治してしまうようなスーパードクターであっても得られる報酬は変わりません。

「ほかの業界では、そんなことはあり得ないんです。回転ずしと銀座の高級すしでは価格に大きな差がありますが、それは仕入れている魚の質やすし職人の技術、接客サービスなどが価格に反映されているからです。価値をきちんと評価して対価に反映させるから、働いている人も『もっといいものを』と思うようになり、商品サービスなどの質が高まっていきます。医療においても海外では、提供される医療の内容や質によって価格が大きく違ってくるのが常識です。つまり、日本では医療の価値自体が不当に低くなってしまっているわけです。とはいえ、医療の価値を正当に評価するための費用を公費ですべてまかなうのも違うと思っています。それでは結局、国民にさらなる負担を強いるだけだからです。そのため、私たちは公費を当てにしない経営基盤をつくろうとしています」

ＳＡＩＴＯ ＭＥＤＩＣＡＬ ＧＲＯＵＰでは、Ｍ＆Ａによって迎え入れた病院の経営を改善することでグループ内にフリーのキャッシュを生み出し、それを運用していくことで得た資金を活用して、グループ内の医療施設をさらにより良いものへ進化させていく――グループ内で資金が循環する仕組みをつくろうとしています。

これが実現できれば、公費の負担を必要以上に求めることがなくなります。かつ人口減少といった地域の変化の影響に左右されることも最小限に抑えることが可能になり、地域に欠かせない医療機関を守り続けていける強固な基盤ができると齋藤さんは強調します。

「この仕組みを『ハイブリッド型皆保険制度』と勝手に名付けているんです。さらに医療施設だけでなく、医業原価にあたる食材やリネン、薬品、医療材料、医療機器、病院の改装を手掛ける工事会社など、医療施設の運営に関わるありとあらゆることを内製化し効率化を図れば、運用の原資をより大きなものにしていくことができます。この仕組みが広がっていけば、日本政府が頭を悩ませている医療費増大という問題解決にも少しは貢献できるのではないかと思っています」

この仕組みをいち早く実現するためにも、「私たちの理念やビジョンに共感してくれる病院、地域から必要とされている病院をM＆Aによってグループに迎え入れている」のだといいます。

地域の医療拠点だからこそ、自給自足の体制を

齋藤さんは、病院は自給・自走できる必要もあるといいます。それを体現しているのが、齋藤さんが経営の立て直しを行った川湯の森病院です。

齋藤さんが勤務医を経て埼玉県に自身でクリニックを開業したばかりの頃、知人の弁護士から「病院存続のために力を貸してほしい」と頼まれたのが当時の川湯温泉病院でした。釧路空港から100キロメートルほど離れた場所にあり、その途中には片手ほども医療機関はありません。そのため、「自分が承継しなければ、この地域の医療はどうなってしまうのか」と考え、非常に厳しい経営状況に陥っていたものの承継を決断したのだといいます。

「はじめて訪れたときは、病院は暗い雰囲気でしたし、裁判という難しい問題も抱えていて、そこを承継するなど火中の栗を拾いにいくようなものだといわれたものです。でも、私は『ここなら私がやりたかった病院づくりに取り組める』と思っていました」

認知症患者への癒やし効果を考えた木造づくりの病棟、自然豊かな国立公園の中にあるという立地を活かした自然との共生、温泉熱を活用した暖房システム、

飲料水やトイレの水には地下水を使い、夏場は冷房にもこの水を利用しています。

「病棟建設に使用する木材は、地産地消を意識して北海道産のカラマツやトドマツを主体にしています。病院ではあまり聞いたことがないかもしれませんが、温泉熱を利用したビニールハウスで野菜などを育てていて、病院で使う野菜や果物の多くは自家栽培でまかなっています」

驚くべきことに、自生する山葡萄と自家栽培の葡萄を使ったオリジナルワインをつくり、コーヒー豆の栽培にも成功しているそうです。

「『病院なのに自給自足？』と思われるでしょうが、私は病院など地域を支える医療拠点こそ自給自足できる体制が必要だと考えます。なぜなら、日本は地震や火山の噴火、洪水をはじめとした水害など災害の多い国だからです。南海トラフ地震など、社会を支えるインフラに大ダメージを与える大地震も確実に発生するといわれています。そういった災害に見舞われたときに多くの人命を救うには、たとえ中央と分断されても地域の医療拠点が機能し続けることです。災害のとき、地域の皆さんの心を休めるためには、『ここに逃げてきたからには大丈夫だ』と思える空間が必要で、その一つに病院がなれれば、街の魅力を高めることにもなります。子育て中の若い夫婦なら、いざというときも頼れる医療拠点があるなら、この街に住みたいと思ってもらえるかもしれないでしょう。自給自足できる病院づくりは、人の流れすらも変えることができると思うのです」

埼玉県の深谷や高知県の四万十にある病院では、地域の市場や就労支援施設などと連携して、地元の食材を使った料理の開発なども行っています。これも、地域の魅力づくりの一環につながっているのです。

「私たちのこういった考え方に共感してくれた人材が、今、SAITO MEDICAL GROUPに集まりつつあります。そして、各地の病院間で人材交流を図ることで、互いに切磋琢磨しながら成長しているところです。新たに承継した病院に人材が不足していれば、数々の病院において経営改善に携わってきた本部の人間がサポートにいくことも少なくありません。彼らが、現地で人材育成をはじめ、SAITO MEDICAL GROUP流経営の下地をつくることで、自走できる組織へと変貌した病院も出てきています。こういった取り組みの一つひとつの積み重ねが大きな理想を実現していくことになると思うので、これからもM&Aを活用しながらスピード感をもって前進していきたいと考えています」

M&A成功のポイント

認定医療法人化で、スムーズなM&Aを実現する

出資持分のある医療法人において、出資者（通常、医療法上の社員）が手にする出資持分は財産権を表すもので、譲渡の際にも価値を持ちます。

引継ぐ医療法人の内部留保が多く、法人資産のうち現預金が多くを占めている場合は、売り手である前任の理事長や理事などに退職金などを支払うことで純資産総額を圧縮できますが、医療 法人の保有として土地や建物の資産が大きい場合は、医療法人としての純資産総額も大きくなりがちです。これは、買い手からすると多額の出資持分の対価を支払う必要性が出てきてしまい、承継を決断する上でネックになってしまうことがあります。とはいえ、出資持分を放棄してしまうと贈与税の対象になるなど課税上の問題が生じてきます。その問題を解決するために、認定医療法人の利用が考えられます。認定医療法人とは、持分あり医療法人から持分なし医療法 人への移行を決定し、移行計画について厚生労働大臣の認定を受けた医療法人をいいます。認定医療法人制度による認定を受けると、出資持分を放棄した際に医療法人に課される「みなし贈与税」の非課税措置を受けられます。なお、出資持分を放棄しても、医療法人の経営権がなくなるわけではありません。現在、出資持分のある医療法人が将来の円滑な承継M＆Aを考える上で、認定医療法人の利用の検討をしても良いでしょう。

物語

06

好条件のクリニックに対して、思い切った譲渡額の提示により承継開業！

――エリア：北海道　買い手：S内科・脳神経クリニック・M・Tさんのケース

「勤務医で終わりたくない。かといって、教授を目指していくようなタイプでもない……。臨床の現場に立ち続けたいけれど、いつかは自分の思い描いた医療を実現できる、一国一城の主になってみたい――。そんな思いとライフスタイルの変化、希望条件に合った案件など、いろいろなタイミングが合ったことで、承継開業を決断しました」

こう語るM・Tさんは、承継開業することに対して冷静に考えていました。まず開業するタイミングについては専門医を取得した後、数年勤務してからがいいのではないかと思っていたといいます。

「医師になって専門医になるための研修を受けて……。専門医になるには3年以上かかりますが、その後、お世話になった方々への恩返しもかねて3年ほどは勤務医として働いてから。そうなると医師になって10年くらい経ったときが、開業の頃合いなのではないかと考えていました。医師としてしっかりとした専門性を習得し、それなりの経験も積むことで自身の診療にある程度自信を持つことが大切だと思うからです。一人でクリニックを経営するとなれば、頼れる人が側にいるとは限りませんからね」

承継開業する限りは、引き継ぐクリニックの収益面も大切だと考え、承継後の売上などについてしっかり吟味したともいいます。というのも、勤務医であっても年収2500万円くらいは目指せるからです。それなのに経営というリスクを背負うことになる開業を選んで、売上が1000万円、2000万円というのでは割に合わないと考えました。そのため、クリニックがある地域の人口や年齢構成などマーケット環境は重視したそうです。

「新規開業についても考えましたよ。でも、承継開業よりも初期投資額が高くなるだけでなく、ゼロから集患していかなければなりません。経営が成り立つだけの患者さんに来てもらえるようになるまでには相応の時間がかかるだろうし、そうなる前に運転資金が底をついてしまう可能性がありえます。そういったことを総合的に判断して、新規開業よりも承継開業に。承継開業するにしても、安定した収益が見込めるクリニックかどうかを吟味する必要があると考えていました」
Mさんが勤務医として勤めていた病院は人口減少が深刻な地域で、その付近で独立開業することに不安があったため、承継開業の仲介会社に申し込んだときは、できるだけ都市部で案件の情報を集めることにしていました。

それからしばらくして仲介会社から提案されたのが、A内科消化器科クリニック（現：S内科・脳神経クリニック）でした。

当クリニックは開院から40年近く経っていて、経営は非常に安定しています。消化器科と院名にありますが、内視鏡を使った診療を少しだけ行っていた程度で、メインは内科でした。

人口20万人ほどの都市部近郊にあり、周囲に競合となるクリニックがほとんどなかったこともあって多くの患者を集め、近年では売上高が2億円ほど。医師は院長一人で看護師や事務員など7人のスタッフという人員構成、地方のクリニックということを考えると、かなりの高収益だといえます。

しかし、院長が75歳を超えて持病が悪化。患者を診療するのが厳しくなってきたため、直近一年は診療日を週4日に減らしていたほどで、病状がさらに悪化する前に承継することにしたという事情がありました。しかも、開業後忙しく働いてきたこともあり、リタイア後は家族とゆっくり過ごしたいという強い思いがあったため、譲渡後は完全にクリニック経営から手を引きたいという要望を持っていたのです。つまり、引き継ぎ期間なしの承継を希望していたわけで、承継先にはクリニック経営経験のある人、もしくは法人を望んでいました。

相場の1・5倍の譲渡対価を提示

Mさんは勤務医であり、クリニック経営の経験はありません。かなり高収益のクリニックということもあって、複数の承継希望者が名乗りを上げていて、Mさんよりも早く手を挙げ、話が進んでいた人がほかにいました。売り手の院長もその人が第一候補だと考えていたのですが、Mさんは思い切って譲渡対価を引き上げることで対抗することにしたのです。

A内科消化器科クリニックの譲渡対価を一般的な算定方法で計算した場合、営業権は一億円程度が妥当な金額でした。ほかの承継希望者が提示していた譲渡対価も一億円です。そのため、仲介会社担当者は2割増しの一億2000万円の提示を勧めたのですが、Mさんは一億5000万円という破格の価格を提示したのでした。

なぜそこまでして、このクリニックの承継にこだわったのでしょうか。

一つ目は、高収益で将来性も見込めるクリニックだったということです。現状すでに2億円という大きな売上があっただけでなく、このエリア周辺には海外メーカーの大きな工場が複数建設されると決まっていました。それによって、多くの人の流入が期待できたのです。実際、工場建設を見越してクリニック周辺エリアではマンションや戸建て住宅などの建設が進められているそうです。都市部を離れて辺境部では人口減少が深刻な問題となっていたので、新たな人口流入が起こり、街の発展が期待できるのは大きなプラス要素でした。

2つ目は、妻の地元へ戻ることを検討していたタイミングだったことです。妻の病気治療のため、定期的に都市部にある病院へ通っていたのですが、勤務医として働く病院から妻が通う病院までは、片道数時間の移動が必要でした。その負担を少しでも軽減するため、病院に近づくことができて、かつ安心感もある地元へ帰ろうと考えていたのです。

3つ目は、勤務医としての激務がありました。もともとは地域医療を支えるという使命感に燃えて数十年間働くつもりでMさんはその土地へ赴きました。ところが、自分も含めて医師5人で診療にあたると聞いていたのに、赴任する直前に医師一人が亡くなり、高齢の医師、脂の乗った中堅医師も間もなく辞めてしまったことで院長とMさんの2人で多くの患者に対応しなければならなくなってしまったのです。

「本当にいろいろな条件とタイミングがピタリと合ったんです。この機会を逃したら、好条件のクリニックが今後いつ出てくるかわかりません。中途半端な金額を提示して買えなかったら意味がないなと思ったんです。弁護士の友人などに相談したとき、クリニックの承継では営業権の算定額が、一般企業のM&Aよりもかなり低く算出されていると聞いたことも背中を押してくれたように思います。一般企業では税金を引いた後の営業利益の3~5年分ほどが相場ですが、医療施設は営利を目的としていないことから一~2年分というのが一般的だと教えてもらったんです。それにこれだけ好条件のクリニックであれば、一億5000万円なら数年で元は取れると考えました」

Mさんは、神経内科の専門医なので、内科、消化器科（承継後、内視鏡を使った治療は取りやめている）に加えて、神経内科を増やすことも可能。承継交渉時に確認したデューデリジェンスからカットできる経費もありそうだと感じたことで、思い切った決断ができたのだといいます。

クリニックの経営状況を数字面から吟味できたのは、Mさんがファイナンシャルプランナーの資格を持っていたからでもあります。そのため、数字的裏付けのあるクリニックのポテンシャルをある程度具体的に把握することができ、迅速な意思決定を下すことにつながりました。売り手の医師もMさんのブレない意志を感じ取ったことで、第一候補をMさんに切り替え、最終契約にまで至ることになったのです。

承継後の苦労を乗り越えるには〝覚悟〟が不可欠

引き継ぎ期間なしの承継でも「大丈夫だろう」と考えていましたが、実際にはかなり大変な時期を過ごすことになりました。というのも、前院長が辞めることを患者に告知せずに院長が交代することになってしまったからです。院長がMさんに代わる前日まで前院長が診療していたのですが、辞めることを伝えた患者はわずか数人だけだったそうです。

「患者さんはクリニックに来て、いきなり院長が代わったことを知ることになってしまったんです。そのため、患者さん一人ひとりに挨拶するところから診療が始まるので、どうしても時間がかかってしまい、待ち時間がものすごく延びてしまいました」

周辺のクリニックは月曜、水曜日休みが多いため、その日は患者が流れてきて混雑に拍車がかかります。承継後は以前休診日だった火曜日と木曜日も開けることにしましたが、当時はホームページもなく院内の掲示板で告知するしかなかったため、新しく診療を開始した火曜日と木曜日はほとんど患者が来ないという日が続きました。また、以前は看護師をはじめスタッフに心的負担がかかるような労働環境でもあったため、そこも改善していく必要がありました。とにかく短期間でやらなければならないことが目白押しだったのです。

そこで、まずは患者の平準化と業務負荷の低減を実現するために電子カルテの導入と予約制への切り替えを実施。レントゲンの読影にＡＩを活用するようにするなど、２００万円ほど投資してクリニックのインフラ環境改善を進めました。

さらに、スタッフ一人ひとりと一時間ほど、時間をかけてじっくりと話す機会をつくり、今後クリニックをどのように変えていくのか、今までよりも働きやすくなること、給料も上げていこうと考えていることを説明したといいます。未来の姿を明確に示したことで、スタッフも承継後の忙しく慌ただしい毎日に嫌気がさすことなく、辞めずについていきてくれているのだろうとMさんは話します。

「私一人でできることなど限られているので、看護師の育成にも力を入れています。既往歴や家族構成、生活習慣などテンプレート化できる問診は看護師さんに任せるようにしました。認知症の検査もするのですが、それも看護師さんにやり方を教えて、今はすべて任せられるようになっています」

承継後、2割ほど患者は減りましたが、現在は患者数も承継前の状態まで戻りつつあるそうです。神経内科という新たな診療科が定着してくれれば、その数はさらに増えていくことでしょう。

「承継開業を実際に経験してみて、改めて思ったことは〝覚悟〟が大事だということです。クリニックを引き継いでみると、想像以上に大変なことがいろいろ出てきます。そこを乗り越えられるかどうかは、どれだけ腹をくくっているかだと思うのです。あとは、条件のいい案件を選ぶことですね」

M&A成功のポイント

売り手から選ばれるために、事前準備をしっかりと

① 条件の優先順位まで決めておくことで、意思決定を迅速化

地方の場合、将来的な収益性に対する不安から買い手候補が集まりにくいと思うかもしれませんが、収益性が高く経営実績がよければ買い手候補は集まります。買い手候補が複数集まれば、譲渡対価も相当高額になるものです。その中から選ばれて買い手候補の一番手になるための最大の決め手が、迅速な意思決定です。

承継開業の場合、買い手も売り手も互いにさまざまな条件を設定します。しかし、そのすべてが満たされることはほとんどありません。そのため、買い手としては自分が設定した条件の中で絶対に譲れないもの、譲っていいものと優先順位をしっかりつけておくことが大切です。さらに、譲渡対価をいくらまでなら出せるのかも、根拠ある数字を算出しておくといいでしょう。こういったところが明確になっていれば、提案を受けてから決断を下すまでの期間を短くできるからです。

② 医療法人の財務がよければ、譲渡対価の多くを退職金に！

出資持分のある医療法人のＭ＆Ａでは、譲渡対価の支払い後に法人理事や社員を交代してガバナンスを移譲します。この場合、出資持分対価と退職金をどの程度のバランスで支払うかはケースバイケースですが、医療法人が優良な財務状態の場合は、譲渡対価のほとんどを退職金として支払うほうが、引き継ぐ側は税務のメリットを得やすくなり、承継がしやすいスキームとなります。

物語

07

医師2人による共同経営を選択。譲渡価格の高いクリニックの承継を実現

――エリア：全国 買い手：R内科クリニック・Aさん&Uさんのケース

「Uとは同じ医大の出身で、いつか一緒にクリニックを経営しようと話していました。目指したい医療が共通しているだけでなく、共同経営という形にしたほうが初期投資の負担を抑えられるし、融資の面でも有利になると思ったのです」

こう語るのは、R内科クリニックを共同経営しているAさんです。AさんとUさんは医大を卒業した後、別々の病院の勤務医となりましたが、場所が離れていてもちょくちょく連絡を取り合い、ときにはどちらかのもとを訪ねて一緒にお酒を飲みながら、医大時代のことや働いている病院のこと、そして、いつの日か実現したいクリニックの共同経営について話していたといいます。

「思い切って、2人で独立しようと具体的に話すようになったのは30歳を間近に控えた頃でした。2人ともそれなりに経験を積んできたし、30歳という節目を契機に、次のステップへ踏み出そうと思ったのです」（Aさん）

2人が最初にしたことは、M&Aによる医業承継の仲介会社に登録することでした。ゼロから新規開業するには相応の資金が必要になります。その金額はすでにあるクリニックを承継するよりも高いものになるため、はじめから医業承継による開業を考えていたとUさんは説明します。

「私は東北の病院に勤務していて、Aは東京で働いていました。そのため、開業する場所についてては経営が成り立つのであれば強いこだわりはありませんでした。それであれば、さまざまな医業承継の案件の中から自分たちで納得いくものを選ぶことのできる仲介会社を活用したほうがいいと思ったのです」

そう考える2人の目に留まったのが、北関東のT内科クリニックでした。

地方でも多くの患者に支持されるクリニックはある

売り手であるT内科クリニックは、院長を務めるTさんが30年前に開院、後に医療法人化し、Tさんが理事長兼院長、妻と2人のお子さんが社員兼理事を務めていました。お子さんのうち長男は医師ですが、大きな病院に勤めていて、T内科クリニックを継ぐつもりはないとはっきりT院長に伝えています。長女は事務長としてクリニックの経営に関わっていましたが医師ではありません。そのため、後を継ぐ人が現れなければクリニックを閉めるしかないという状況でした。

しかし、T院長は地域に医療を提供するという使命感や責任感が強く、自分の判断で安易にクリニックを閉じるわけにはいかないと考え、仲介会社を通じて医業承継先を探すことを決めたのだといいます。

T内科クリニックは、自治体の要望で施設の目の前にクリニック名を含んだバス停が設置されていて、開院時刻前の朝7時頃から地元住民が開院待ちをしているなど、終日患者が絶えることのない地元に支持されている人気のクリニックです。院内で医薬品を処方していて、その分も含めると年間の売上は2億円を超えていました。利益だけで見ても一億円超の優良経営でした。

裏を返せば、T内科クリニックがなくなってしまうと困る患者が大勢いるということです。

医業承継を検討し始めた頃、T院長は70歳近い年齢になっていましたが、気力や体力の衰えは感じておらず、最後まで現場で診療を続けていくという強い信念も持っていました。しかしながら、地域医療を継続的に守るという責任を果たすには、気力、体力のあるうちに若手にバトンタッチしなければならないと考えたのだといいます。

ただ、優良経営であるがゆえに譲渡対価は4億円を超える評価額になりました。それだけの資金を準備できる買い手はそれほど多くはありません。そのため、手を挙げたのは、複数のクリニックや病院を経営している医療法人ばかりでした。AさんとUさんは、そのような状況の中、後から手を挙げる形になったのです。

「想定していたよりもかなり初期投資が多くなる案件でしたが、今後の経営のことを考えると断念するには惜しいと思えたのです」

Aさんがそう語る根拠は次のようなものでした。

クリニックがあるのは北関東で、東京のような都市部の人口に比べれば、かなり少ないといえます。しかし、人口は15万人ほどで若い夫婦や小さい子どもも比較的多い地域でした。人口が減少している街が多い中、横ばいが続いていて世代の入れ替わりもある。つまり若い世代の人口流入もあるため、今後、急激に人口が減っていく危険性は少ないことが推測できます。

売上2億円超あり、すでに多くの患者から支持・評価されているため承継直後から安定して経営できる可能性も高い。しかも、周辺に競合となるクリニックがほとんどありません（そのためにクリニックを残さなければならないとT院長は強く思ったのですが……）。首都圏は人口が圧倒的に多いメリットはありますが、その分、競合となるクリニックも非常に多く、常に集患という問題に直面する可能性が少なくありません。

「そのリスクを考えれば、それなりの人口があり、かつ若い世代の流入もある地方都市のほうが競合とのし烈な競争に奔走することなく、患者としっかり向き合いながら地域医療を守っていくことができます。私は東北の病院に勤務していた経験から地方の医療を守る大切さも実感していたため、医師不足といわれる北関東のその都市で、多くの患者さんに医療を提供してきたクリニックを引き継ぐことは意義のあることだと感じていました」（Uさん）

また、冒頭でAさんが語っていたように、2人の共同経営であれば、高額な譲渡資金を用意することも可能だと考えたといいます。医業承継では、医療施設を引き継ぐために多額の資金が必要になるため、余程自己資金が豊富でない限り金融機関から融資を受けることになります。かつては、医師であれば融資の審査を通りやすかったといわれていますが、近年は医師であっても多額の融資は厳しくなっているのが現実です。

でも、2人の共同経営であれば、預貯金残高の合計額も多くなり、審査を通りやすくなります。さらに、医師2人であれば、一人が診療できない事態に陥ってもクリニックの営業を継続することができます。その分、金融機関も安心して貸しやすくなるといえるでしょう。

T内科クリニックのケースでは、T院長が個人で所有しているクリニックの土地と建物も医療法人で買い取るという条件が設定されていたため、その分の資金も準備しなければなりません。医療法人の社員であったT院長やその家族に払う退職金や土地建物の金額などを合わせると総額は5億円ほどに達したのでした。そのうち3億円ほどは医療法人の内部留保から支払うことができましたが、AさんとUさん2人が用意しなければならない金額は2億円ほどにもなりました。

「共同経営という形でなければ、とうてい融資を受けられることはなかったでしょうし、結果、承継することもできなかったと思います。自分たちの夢を実現する上でも2人で開業するという選択肢は正解でした」（Aさん）

個人2人による共同経営だったことは、T院長の心証にもプラスに働きました。T院長はこの地域の医療を任せる人は、その人柄までしっかりと見極めたいと思っていました。しかし、この規模のクリニックを承継できるのは、医療法人の中でも複数の医療施設を経営しているような規模のところが多く、クリニックの経営を医療法人が担い、現場の診療については外部から医師を連れてくることがほとんどです。T内科クリニックの承継に手を挙げていた医療法人もすべてそのケースだったため、承継の交渉段階では現場を任せることになる医師は決まっておらず、誰がこの地域の医療を支えてくれるのかわからないことに不安を感じていたといいます。

その点、AさんとUさんとは直接話すことができ、地域医療に対する考え方も聞くことができました。そのため、後を任せるに足る医師たちだと判断できたことが承継相手に決めた大きな理由だったそうです。

現在は、Tさんは理事長も院長からも降りて、非常勤医師として継続的に勤務しながら「生涯現役」という信念を貫いています。Uさんは院長として現場で診療に従事し、Tさんと2診体制で患者と向き合う日々を送っています。Aさんは理事長となり、経営に専念しながら地域医療を守るため、新たな承継先を模索しているところです。

M&A成功のポイント 売り手の思いを受けとめ、信頼を勝ち取る

① 経営的に条件のいいクリニックは首都圏ばかりとは限らない

長年、クリニックを経営してきた院長には、「地域医療を守るため」という使命感から、一般的に定年を超える年齢になっても現役で日々患者に向き合っている人が少なくありません。その一方で、後継者がいない場合、自分が引退した後のことを心配している人も多いというのが実状です。そういうクリニックは長年地域に根差しているため地方であっても一定数の患者が通っているので、医業承継後も安定的に経営していける可能性が高いものです。案件を探す際、地方だからという一点で候補から外すのではなく、経営状況をしっかり吟味することで、希望に合うようなクリニックを見つけられるかもしれません。同時に、地域に根を張っているクリニックを守ることで、地域医療を守るという大きな意義も手にすることができます。

② 前理事長を非常勤医師として再雇用する場合、報酬額には注意！

承継前の理事長に承継後、非常勤医師として働いてもらう場合、承継時に退職してもらい退職金を支払った後、非常勤として再雇用することになります。その際、分掌変更をした上で理事長時代に受け取っていた報酬の2分の1以下でないと退職していないと税務署に判断される恐れがあるので注意が必要です。

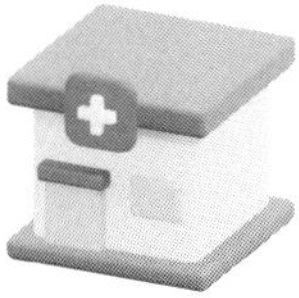

物語

08

経営と診療を分離して地域医療を守る！ その思いが、クリニックを救う

——エリア：関東 買い手：M内科・I・Oさんのケース

「M&Aによる医業承継で譲り受けた2軒目のクリニックを経営することになったとき、世の中には、後継者不在で困っているクリニックが本当にたくさんあるのだと実感しました。だから、自分で経営できそうなクリニックであれば、地域医療を守るためにも引き受けたいという思いが強くなっていったんです」

こう語るのは、内科医であるI・Oさんです。内科の専門医になって間もなく30代前半で独立開業する道を選び、M&Aによって内科のクリニックを承継しました。一軒目のクリニックは、自身が院長となり経営から診療まですべてを担当。2軒目は後継者がおらず閉院も検討していたクリニックを引き継ぎ、経営だけを担当して、院長は同世代の若い医師に任せています。

「同年代の医師と話していると、開業して自分の思う医療提供をすることに興味はあるけれど、経営やマネジメントはしたくないという声を結構耳にしていました。

それなら、経営は私が受け持ち、院長として診療を任せれば、後継者がいなくて悩んでいるクリニックに、もっと手を差し伸べることができると考えたんです」

地域医療を守ることに強い思いを持っていたIさんのもとに、産婦人科の有床クリニックの医業承継の提案がきました。このクリニックは、すでに半世紀以上の歴史がある産婦人科です。当時院長だったS医師の腕前だけでなく温和な人柄も相まって、地域住民の評価も非常に高いものでした。親子2代、3代にわたってお世話になっている人もいるくらいで、患者や妊産婦が途絶えることがなかったそうです。しかし、身体的につらくなってきた60代後半から承継を考えるようになったそうです。ただ、親族に後を継げる人がいなかったため、知人の紹介でM&A仲介会社に買い手探しを依頼することになりました。

ところが、2年ほど経っても承継希望者を見つけることができず、診療科目は違うものの「地域医療を守る」「自身は経営を担い、診療に注力したい若手医師をサポートしたい」と考えるIさんに話がきたというわけです。

「この話をいただいたときは迷いがありました。産婦人科は専門ではありませんので、いざというときに自分が診療に入ることができません。産婦人科医を探すことが難しいことも知っていましたし、産婦人科クリニックの経営など自分にできるのか、自信がないという気持ちもあったからです」

そんなとき、S医師の産婦人科医の知人が現職を辞めるという話が入ってきました。自身が経営してまでクリニックを開業する気はないが、院長としてであれば診療を任せてもらってかまわないと引き受けてくれたのです。これを機に、M&Aの話は前へ進んでいったのでした。

課題も専門性の高い仲介会社のアドバイスでクリア

ただし、M&Aに向けて障害がなかったわけではありません。一つは、医業承継を検討し始めてから2年ほど経っている間にS医師の体力面の衰えから分娩をやめると患者に告知し、スタッフも減らし始めていたことです。

産婦人科クリニックの場合、分娩に対応しなければ経営を維持することが難しくなります。Iさんにしてみれば、産婦人科クリニックの経営経験がないため、収益の大きな部分を占める分娩がなくなってしまうのは大きな不安材料でした。

M&Aに向けて分娩の再開を決めたのですが、再開するには減ってしまったスタッフを採用する必要がありました。実は、産婦人科の場合、このハードルが高いのです。有床産婦人科クリニックの場合、夜勤があり、急な出産に対応すべく24時間拘束されることになります。このような環境で働いてくれるスタッフを見つけるのは大変なことだからです。

このハードルをクリアするため、営業権の減額をS医師に仲介会社から打診してもらいました。その分をリクルーティング費用にあてることで分娩再開を少しでもやりやすくしようと考えたからです。

S医師としても、Iさんとの縁を逃すと、いつ次の候補と巡り合えるかわかりません。承継候補を探し始めて2年ほど経ってようやく現れたのがIさんであり、後を任せるのにふさわしい人だと信頼できる人でもありました。

もし、この機会を逃して閉院ということになれば、S医師の今後の生活にも影響が出ます。S産婦人科クリニックの土地建物はS医師が所有しており、Iさんが引き継いだ場合は、賃料収入が見込めます。しかし、建物は産婦人科仕様なので一般のテナントに貸すのは難しく、土地を売却する場合には建物を壊して更地にすることになり、それには多額の費用がかかります。

以上のような事情を踏まえ、S医師も営業権の減額に応じてくれたのでした。

もう一つ大きな問題となったのが、病床の開設許可です。個人経営のクリニックをM&Aで承継する場合、病床の開設許可は譲渡できません。そのため、売り手がクリニックを廃院してから、買い手が同じ場所で新たに開設届を提出して開院するという手順が必要になります。ところが、有床クリニックの場合、基準病床数制度によって病床の開設許可が認められにくいのです。

「病床の開設許可は、地域の医療受給や病床の数などさまざまな要因が絡んでくるため、確実に許可が下りる方法というのは存在しないらしいのです」

そこで、S医師が一般社団法人を設立して、その法人でS産婦人科クリニックを開設して、その法人をM&Aするというスキームを採用しました。これであれば、改めて病床の開設許可を届け出る必要がないからです。

「医療法で求められている非営利性が担保されるよう定款などの記載に配慮する必要はありましたが、クリニックを一般社団法人で経営できるとは思いませんでした。このようなスキームがあることがわからなければ、この承継は実現していなかったので、専門性のある仲介会社の存在は大切なのだと気付かされました」

M&A成功のポイント　見識者チームの知恵によって、課題を乗り越える

① 仲介会社や税理士と相談することで課税リスクを回避

この物語では、一般社団法人を設立してS産婦人科クリニックの什器や医療機器、医薬品などの資産を法人に現物出資した後に譲渡するというスキームだったため、一般的な医療法人の譲渡とも、個人事業の事業譲渡とも異なり、課税上の扱いが複雑になることが想定されました。

つまり、法人の資産価値と譲渡対価との差額について贈与税が課税されるリスクがあったのです。

そこで、課税対象になりそうな部分を、本件譲渡で発生する別の取引きで、対価をお渡しすることで、課税上の指摘を受けるリスクを排除しました。

② 地域や税務、不動産などその道の専門家を巻き込みM＆Aを成功

有床クリニックの譲渡という難易度の高い案件だったこともあり、医業承継に精通しているM＆A仲介会社だけでなく、地域の実情に詳しい行政書士やM＆A実務に詳しい税理士、地元の不動産会社などステークホルダーを巻き込み、チームとなって動くことで、さまざまな課題を乗り越えることに成功しました。

物語

09

多額な借金の連帯保証人になるという問題をクリアして念願の開業を実現

――エリア：関東　買い手：A内科脳神経外科クリニック・A・Yさんのケース

「正直、迷いはありました。承継する際、私が持ち出す資金はないとはいえ、連帯保証人となって多額の借金を背負うことになるわけですから。でも、院長先生が亡くなり、待ったなしの状況になったとき、私が引き継ぐしかないと気持ちが定まったんです。アルバイトとしてではありますが、クリニックで患者さんを診始めていましたし、仲介会社の方と話し合いながら借金返済の絵を描くこともできたので決断しました」

S医療法人を承継して、現在A内科脳神経外科クリニックの院長として働いているAさんは、承継を決断した理由について、こう語りました。

Aさんは、クリニックの雇われ院長として勤務していましたが、いつかは自分のクリニックを開業したいと思い、M&A医業承継の仲介会社に登録。とはいえ、まだ40代ということもあり、「急ぐ必要はない」と考え、良さそうな案件が出てくるのをじっくり待っていました。勤務地は東京でしたが、地元が東北ということもあり、関東から福島の間あたりで承継できるクリニックを探していたそうです。そんなとき提案されたのが、S医療法人のS内科脳神経外科クリニック（現：A内科脳神経外科クリニック）です。同法人の理事長であり、S内科脳神経外科クリニックの院長を務めるS医師が余命半年の宣告を受け、早急に承継者を探しているという内容でした。

S医師は60代後半で医師の息子がいましたが、大学病院に勤務していて、先端医療に触れられる環境で臨床に従事したいという希望を持っていたため、クリニックは継がないと以前から話していたそうです。S医師自身も、まだまだ自分が頑張れるという自信があったため、承継について真剣に考えることもありませんでした。数年前には2億円近くの融資を受けて、クリニックの建物を新築し、MRIやCTなど多くの検査機器を導入。より幅広い患者の要望に応えられる体制の整備を進めるなど精力的に診療にあたっていました。

そこへ思いもしなかった余命宣告です。その時点ではまだ一億5000万円ほど残債があり、S医師本人や医療法人の理事も務めていた家族もクリニックをどうするか、頭を悩ませていました。建物はクリニックとして使う前提で建てたため、クリニック以外の用途に転用するのは現実的ではありません。しかも、建物の資産価値は一億円ほどありましたが、土地は借地だったため、売るとなると建物の資産価値が大幅に目減りしてしまい、多額の借金が残ることになるのです。廃院するには建物を解体して更地にする必要があったので、解体費用を新たに負担した上、結局、借金は残ることになってしまいます。

S医師としては、そのような事態を避けるため、クリニックを継いでもらい、連帯保証人となって診療を続けながら、借金を返済してくれる人を見つける必要があったのです。その代わりとして無償で譲渡するという条件をつけました。

A医師に話が届く前に別の承継候補が現れたのですが、結局、連帯保証人になる点がネックとなって話はまとまりませんでした。年間の売上は一億円ほどあったのですが、人件費が過剰だったり、MRIなど医療機器のメンテナンス費用が高額だったりとずさんな管理もあって、利益はそれほど出ていない状況を、買い手候補の医師が不安視したというのが理由だったそうです。

「同族経営の医療法人だったこともあって、経営についてはどんぶり勘定のところがありました。正社員の看護師さんが3人いて、パートの看護師さんも数名。

クリニック規模からすると、看護師さんは2人いれば事足りると思いました。ほかにも検査技師が一名に栄養士さん一人、スタッフが4人、清掃の人も一人いましたし、そこに加えて非常勤のドクターが2人いました。明らかに過剰でしたし、親族やその友人、知人などを雇っていることもあって、給与をはじめ待遇もかなりいいものでした。事務をお願いしていた方は家庭の事情で勤務時間が不規則で短かったり……。引き受けるとした場合、改善していかなければならないところがたくさんありそうだなと感じたものです」

借金返済の目処が立ったことで承継を決断

Aさんは、それでも承継を前向きに検討しようと思い、アルバイトとしてS内科脳神経外科クリニックで診療するようになりました。その頃になると、S医師の病状はかなり悪化していて、週末は緩和病棟に入院し、平日は点滴を受けながら診療するような状態だったそうです。

それに、仲介会社のサポートもあり、返済計画を具体的に描くことができたことも気持ちを後押ししたようです。

ただ、Aさんが後を継ぐ決断をする前にS医師は亡くなってしまいました。

「お通夜から参加させていただいて……。すでにクリニックの内情も知っていましたし、通ってくる患者さんたちとの顔合わせもすんでいて、クリニックが頼りにされていることを肌で感じていました。住宅地の中にあるクリニックなのですが、周辺にほかのクリニックはないため、ここが閉院となると困ってしまう患者さんが大勢出てくることも実感していました。もう私がやるしかないかな、と」

S医師が亡くなったときの保険金5000万円を全額借金の返済にあてたことで、残る借金は一億円に。また、承継後のデジタル化投資や運転資金として、S医師の遺族がAさんに2000万円を貸し付け、さらに3000万円を医療法人へ寄付するスキームを構築。これによって、遺族は相続放棄をすることなくS医師の遺産を受け取ることができましたし、Aさんも承継直後から自由に使える現金を持った状態でクリニック経営をスタートすることができたのでした。

「多額の借金の連帯保証人になるというのは大きな不安要素でしたが、医業承継に長けた仲介会社にサポートしてもらったおかげで、現実的な返済計画を構築することができて、念願だった開業も実現することができました。現在は順調に借金を返済できていて、利益も出るようになっています」

M&A成功のポイント ナイーブな人員削減には、専門家のサポートを

承継後に経営を立て直す必要に迫られたAさんは、過剰だった人員の数のスリム化に着手しました。承継直後は患者数が多少減るものです。その中で利益を確保するには、コストを削減していくしかありません。

しかし、看護師など承継前から働いてくれているスタッフに辞めてもらうよう働きかけるのは心理的な負担の大きい作業です。また、きちんとした手続きを踏まなければ、労働基準法にふれるリスクも発生します。

そこで、仲介会社のネットワークを活用して、大企業でリストラのサポートをしていた経験のある社会保険労務士と弁護士を介在させることにしました。早期退職の交渉は感情的になってこじれる危険性もあるため、そういった交渉事に関するノウハウのある人で、かつ医師の働き方改革の勉強会なども開いている社労士と、企業法務に長けた弁護士に間に入ってもらうことにしたのです。

そのおかげもあって、大きな問題が発生することなく、人件費のスリム化を実現。承継後の順調なスタートダッシュに成功することができました。

物語

10

経営の苦悩から解放！医療法人に売却して病院の永続性を担保

――エリア：関西　買い手：N医療法人・N・Aさんのケース

「医師は経営の専門家ではありません。そのため、親から病院やクリニックを受け継いだものの、経営がストレスとなって疲れ切ってしまう人もいます。ただ、診療は好きだし、病気が治って喜ぶ患者さんの姿を見るのは嬉しく、励みにもなっているので診療は続けていきたい……。そんな医師の思いをくんだ承継というものも手掛けさせてもらっています」

こう語るのは、大手医療法人を運営するN・Aさん。同法人が承継したS病院は、そのケースの一つでした。

「S病院は都市部にある病院で、小規模ながら専門性の高い診療に対応していることもあって多くの患者さんが通院しており、経営も安定していました。ただ、事業の永続性という点で院長は頭を悩ませていました」

S病院は、今のところ専門性の高い診療ニーズが地域にあるので経営が成り立っていますが、その売上比率が高い分、今後ニーズが下火になっていったときに、それまでどおりに順調な経営を維持できるかは不透明でした。診療報酬の改定によって、軸となっているその診療が軸たりえなくなる可能性もあります。

また、病院の建物は老朽化が進んでおり、近い将来建て替えなければならないこともわかっていたのです。しかし、病院は都市部にあり、建て替えている間、仮の病棟を開く場所など確保できません。離れた場所で診療に対応するといっても、そこまで通ってくれる患者がどれほどいるのかわかりませんし、それを機にほかの病院に切り替える患者が出てきても不思議ではありません。もし、仮に開業できる場所が見つからず休診することになってもスタッフの人件費は発生します。全員解雇してしまうと、再開するときに人員を確保するのが非常に難しいため、雇用は継続しておく必要があるからです。このような経営課題を踏まえた上で病院を維持していくために、経営者としてどうしていけばいいのか。院長であるS医師には、道筋を考えることができませんでした。

「親族の中に経営に関する知識のある人間がいたので事務長として招いたようですが、病院運営に関するノウハウはあっても、将来を見越して経営の方向性を決めていくという点では期待していた力を発揮してもらえなかったといいます。それで、経営経験の豊富な法人に頼ろうと考えるようになったと話していました。

「ただ、S医師はまだ60代で、診療については何ら不自由を感じるところはありませんでした。むしろ、診療にはやりがいを感じていて、できることなら承継後も病院に残って診療に専念したいという思いがあったのです。

この承継の形を実現できる買い手が、Nさんの大手医療法人でした。

理事長・院長のまま、経営のプレッシャーから解放

Nさんの医療法人は、日本全国ですでに30ほどの医療施設の経営を手掛けているため、実績という点ではS医師も何ら心配するところはありませんでした。「S病院の周辺にも経営している医療施設がいくつかあったので、地域連携という点でもシナジーを期待できます。S病院を建て替えることになっても、一時的にスタッフをほかの施設に移し、患者さんにも説明した上、周辺病院で治療にあたってもらうという方法もとれます。しかし、単に実績を説明するだけでは、本当の意味で、S医師の不安を払拭することは難しいのではないか。そう思い、S医師

と同じように経営にストレスを感じたことで、M&Aによって医療法人の経営権自体を私たちに売却して、現在は院長として診療に専念している医師に話を聞く場を設けました」

自分が思い描くM&A承継を経験した先輩医師に話を聞けたことで、リアルなイメージを持つことができたのでしょう。その後、話がどんどん具体化していったといいます。

「これは後で聞いたことですが、その先輩医師から『経営から解放されたおかげで、ストレスなく診療に集中できています』といった話を聞いたようです。この病院は、私たちが引き継いでから経営も黒字に転換していて、これなら任せて安心そうだとも感じていただけたようですね」

承継の方法としては、経営権だけを引き継ぎ手に譲渡する形にしました。具体的には、議決権を持っている社員をすべて入れ替えました。承継後に旧社員が法人に残っていると、Nさんが思うとおりに経営する上で障害になる可能性があるからです。ただし、理事長は引き続きS医師に任せることにしました。病院長もS医師のまま代えることはせず、役員報酬も以前のまま据え置きにしています。

また、S医師はS病院のほかに病院の関連会社を起業していたため、その株式もすべてN医療法人のほうで買い取るスキームにしています。そうすることで、S医師の創業者利益を確保したわけです。

「S医師は、父親が立ち上げた病院を法人化して数十年の間病院を守ってきました。また、病院関連会社も設立するなど、地域医療を守るために手を尽くしてきた方です。その対価はしっかり受け取る権利があります。そこを確保した上で、これまでどおりS医療法人の理事長として残り、S病院の院長も引き続き務めてもらうことに。そうすることによって、S医師はこれまでどおり診療を続けることができますし、私たちとしてもS病院の診療体制を何ら変えることなく、これまでどおり患者さんに安心感と医療を提供し続けることができます。経営主体がS医療法人から私たちに代わるだけなので、患者さんから見れば、何も変わっていないように見えるはずです。M&Aによる医業承継では、患者さんの不安を可能な限り軽減することはとても大切なことなのです」

結果、S病院は売上を落とすことなく承継を実現することができました。また、病床転換など今後の経営についても、N医療法人から人材が入ることで解決の糸口が見えてきているといいます。

M&A成功のポイント 売却前提ではなく解決策を探った結果、理想の形に

S医師に対応した仲介会社のコンサルタントは、最初から売却前提で話を進めるようなことはありませんでした。S医師が抱えていた病院経営に対する不安を一つひとつ聞きながら、解決策を模索したのです。例えば、今後の経営戦略に関することを相談できる専門家がほしいという点については、病院経営のコンサルタント経験者を事務長として採用すれば解決するのではないか。しかし、それでは病棟の建て替え問題は別途解決策を講じなければなりません。また、S医師が理事長・院長として病院経営の先頭を担う立場にい続ける限り、どれほど優秀な事務長を招いても経営のプレッシャーから解放されることはないでしょう。

こういった課題を一気に解決できる方法を検討していった結果、財務基盤がしっかりしていて、医療施設の経営実績も豊富なN医療法人へのＭ＆Ａ承継という方法にたどりつきました。

これは売り手側から見た話ではありますが、買い手側にも当てはまります。買い手の要望に応じて、M&A承継も含めた多様な解決策を模索しながら買い手に伴走してくれるパートナーは、きっと心強い存在であり、希望に近い医業承継を実現するための近道になるはずだからです。

物語

11

将来ビジョンを明確にして、譲渡対価1000万円以下の承継に成功

――エリア：関西 買い手：医療法人B会・T・Rさんのケース

医療法人B会の理事長を務めるT・Rさんは、まだ30代前半の若手医師ですが、明確なビジョンを持って医療法人経営に力を注いでいます。そのビジョンとは、近隣エリアで複数のクリニックをM&Aによって譲り受けながら、訪問診療を拡大していきたいというものです。訪問診療の場合、拠点を中心に半径16キロメートル圏内で診療点数がとれるため、拠点を増やしていくことで診療圏を拡大していくことができます。ただ、主目的が拠点としてのクリニックの確保ということもあり、譲渡対価の安い案件、できれば1000万円以下で譲り受けられる案件を希望していました。

「まだ設立して間もない医療法人ということもあって、資金調達には限界があります。私が若く、法人としての実績も多くないとなると金融機関も多額の融資には応じてくれませんから。しかし、できるだけ短い期間で事業を拡大していくに

は、拠点の確保を急ぐ必要があります。そのため、既存の拠点の近隣で、かつ譲渡対価の安い案件を探していたんです」

この希望に合うとM&A仲介会社から提案されたのがD内科クリニックでした。

D内科クリニックの院長を務めるD医師はまだ50代でしたが、クリニック経営にはかなり後ろ向きになっていたのです。

D医師が開業したのは30代半ばの頃で、しばらくの間は経営していくのに困らない程度の患者数を維持していたといいます。しかし、10年経つか経たないかの頃から徐々に患者数は減っていきました。D内科クリニックがあるエリアは、中部地方の中心地に近いベッドタウンで人口の流入もあります。今、日本各地で問題になっている人口減少に悩まされるような地域ではありませんでした。

それなのに患者が減少していったのは、D医師の消極さゆえでした。患者を増やすための施策は何もせず、ホームページもつくっていません。そもそも広告宣伝など一切していなかったのです。D医師も診療には真剣に取り組んでいたのですが、看護師の対応は決して良いとはいえない状況でした。しかし、人材教育を施すでもなく、口コミのほうも何の対策もせず放置したままでした。

開業から20年が経つ頃には、周辺にライバルとなるクリニックも増え、年間収益は1000万円を下回るまで悪化していたのです。それでも、D医師は改善策を施そうとはしないままでした。

D医師はクリニック経営そのものにやる気を失っていて、収益を上げようとか、経営を維持しようといった思いもなくなっていました。そして、少しでも早くリタイアしたいというのが希望だったのです。そのため、クリニックを承継してくれる人を探すことにしました。クリニックのある土地と建物はD医師の所有だったため、承継者が見つかれば、賃料収入を確保することができます。だから、譲渡対価も1000万円以下でかまわないという考えでした。

収益性だけが選ぶ基準ではない!?

D内科クリニックの譲渡対価は、とても安いものです。それでも、買い手はそれほど出てきませんでした。

理由は、現状の収益の低さにあります。M&Aによる医業承継では、やはり収益の高い案件に人気が集中しがちです。クリニックのある地域の人口が多いなど周辺環境が良ければ、今後収益を改善できる見込みはありますが、D内科クリニックの場合、現状の評判が芳しくなく、そこを改善して患者数を伸ばしていくのは、どうしても時間がかかってしまいます。そのため、買い手候補がなかなか見つからなかったのです。

「でも私としては、拠点の空白地になっていた場所で、譲渡対価も希望の中に収まるので、はじめから前向きに検討しました」

実は、Tさんは訪問診療の事業を展開していく上で、介護施設などとのネットワーク構築にも力を入れており、D内科クリニックがあるエリアに進出が決まれば、そのネットワークを活用して訪問診療の需要を開拓できる目処がついていたのです。加えて、医療法人B会のさらなる成長を考える上では、訪問診療の一本柱でいくよりも2本目、3本目の柱となる事業をつくっていく必要があるとも思っていました。それには、内科の外来診療に本格的に挑戦するいい機会だと判断したといいます。

「今はある程度訪問診療を提供するエリアを絞って拠点づくりを進めていますが、いずれは県外にも広げていきたいと思っています。そのため、事業基盤を築き、財務面も強化していくためにも、もうしばらくは初期投資を抑えた迅速な拠点開拓を進めていきたいと思っています。それと同時並行で、外来診療というもう一つの柱を育てていきたいと考えています」

M&Aによる医業承継を検討するときは、どうしても収益性のいい案件に目がいきがちです。クリニックが長年かけて築き上げてきた地域における信頼や患者、スタッフを引き継いで、開業のリスクを可能な限り抑えた状態で開業できるのが、医業承継のメリットですから、収益性に着目するのは当然のことだと思います。しかし、収益性だけで検討対象から外すというのは早計といえるケースもあります。それが、D内科クリニックのケースでした。

D内科クリニックは、集患を半ば放棄していたため地域の評判が悪かったという大きな問題があったので、収益を回復させるにはかなり苦労することが予想できましたが、収益性の低さを改善する道筋が見えていて、それを実行できるだけの根拠があるのであれば、安い譲渡対価で譲り受けられる案件は、大きなチャンスになります。Tさんのように、収益性よりも重視すべき条件がほかにある場合も同様です。その判断を下すためにも、あらかじめ医業承継を検討する条件を、自分の中で明確にしておくことが成功の秘訣だといえます。

M&A成功のポイント

医療施設の建物＆土地の賃貸借契約は早めに実行

Ｍ＆Ａによって医療施設を承継する場合、クリニックを経営するための土地や建物などの不動産所有者が誰であるかは、重要な要素になります。例えば、不動産を持っているのが、医療モールなど第三者で、前オーナーも借りていたのであれば、その契約内容をある程度踏襲できるので契約は比較的スムーズに進みます。

また、不動産がＭ＆Ａの譲渡内容に含まれる場合は、譲渡契約の中で処理することができるケースもありますが、正確には、別途、不動産契約を締結することが好ましいといえます。

本案件のように土地・建物の所有者が前オーナーである場合、賃貸借契約の内容を一から作成していかなければなりません。不動産を人に貸したり、医療施設を開設するために借りたりした経験がないと相場がわからず、契約条件交渉で難航することがあります。医療施設の譲渡契約を結べても、不動産の賃貸借契約が結べなければ診療を開始することができません。承継を機に医療機器やシステムなどを導入して開業することを考えているなら、その期間も見越した準備期間を確保する必要があります。それも、賃貸借契約が結べなければ施設内をいじることは難しいでしょう。そのため、譲渡契約と賃貸借契約が別になる場合は、早期から賃貸借契約について確認しておくことが大切になります。

Chapter 2

M&A「医業承継」だから、大きなメリットが

M＆Aでの医業承継については、
Chapter 1の「成功物語」で、
その実践法をおわかり
いただけたのではないでしょうか？
このChapter 2では、
「成功物語」の中でも紹介してきた、
M＆Aでの医業承継の
メリットをまとめてみました。
さらに、M＆A「医業承継」の
ご理解を深めてください。

01

難しいことはM&Aパートナーがすべて解消。売り手と買い手に〝満足〟を

現在、医療機関の承継問題が顕在化しつつあります。「はじめに」でも触れましたが、後継者不足に悩む医療機関が増えていて、閉院という選択を余儀なくされる医療機関も少なくありません。しかし、医療機関の閉院は、一般企業が廃業する以上の影響を地域に与えることがわかります。例えば、地方へいくほど医療施設の数は少なくなるため、その地域で開業している病院やクリニックへの依存度が相対的に高くなるでしょう。そのため、クリニックが一つ閉院するだけで、周辺に医療施設のない住民が出てきてしまうことになります。

とはいえ、この仕事を始めてみると、子どもが医師でなかったり、医師であっても継ぐ気がなかったりすれば跡継ぎを見つけることができず、閉院するしか選択肢がないと諦めている開業医が少なくないことがわかりました。

そのような人たちにも、本書で、M&Aによる承継開業という方法があることを知ってもらいたいと思っています。

これまでもM&Aによる承継開業がなかったわけではありません。医療系コンサルタント会社がメニューの一つとして提供していたり、一般企業のM&Aを手掛けている会社が医業承継を手伝ったりしていたからです。ただ、いずれも専業ではないため、思わぬトラブルが発生することもあったと聞いています。

医療機関の売買には、医療法や医療業界の慣習など、他業界にはない特殊な部分が数々存在します。例えば、譲渡価格に関係してくる営業権（のれん代）の考え方も一般のM&Aとは違います。一般企業のM&Aにおいては、営業権の価格は営業利益の3～5年分というのが相場ですが、医療施設においては、一～2年分ほどで計算することがほとんどのようです。これは、患者が担当医師につくことが多いため、事業の再現性が低いからなのかもしれません。譲渡価格に関しても、医療機関のM&Aに関するノウハウの蓄積が必要不可欠になると思います。

また、株式会社の場合、株式の保有数が議決権になりますが、社団医療法人は違います。社員が一人一票の議決権を持つのですが、そのことを理事長すら知らないということが珍しくありません。M&Aによる医業承継をする際は、必ず確認することになるのですが、8～9割の理事長が「社員って誰？」と聞いてきます。医療法人を立ち上げるときに定めているはずなのですが、クリニックを経営する上で意識することがほとんどないため、忘れてしまうのも仕方ないでしょう。

さらに、出資持分ありの医療法人の場合、詳しい専門家を介在させないと引き渡しにてこずったり、多額の贈与税を支払うことになったりしてしまいます。

そもそも、M&A医業承継の場合、買い手を見つけてこなければなりません。売り手の希望と買い手の条件をすり合わせながらマッチングする必要もあります。マッチングがうまくいったとしても、売買するときの資金を金融機関から調達するというミッションもあります。医師は医療の専門家ですが、Chapter 1の「物語」にもあるように「経営に関しては素人だから……」とおっしゃる方が多いもの。勤務医として働いてきた医師が医業承継を考えた場合は、病院やクリニック経営に関する財務の知識や人材マネジメントの知識などないのが普通でしょう。そのため、金融機関に融資をお願いする際、必ず提出する事業計画書をどのように作成すればいいのかもわからなくて当然なのです。

こういった問題をまるっと解決する方法が、M&Aパートナーを介在させることです。特に、医業承継専業、もしくは医業承継のサポート実績が豊富にあるところを選ぶことが大切になります。医療法や医療業界の慣習などに精通しているところでないと、思わぬトラブルに見舞われて苦労する可能性が高いからです。

医業承継をスムーズに進めるための交渉や各種手続きに関して、押さえるべきポイントを把握していることも期待できます。

また、医業承継を希望する売り手、買い手の充実したデータベースがあるかどうかもポイントです。ちなみに弊社のデータ数は医師が4・3万人、医療機関1・7万件になっています（2024年4月時点）。買い手のデータベースは、株式会社ケアネットワークデザイン（東証プライム上場の株式会社ケアネット100％出資）と業務提携を行い、後継者候補を探しています。さらに、売り案件の豊富さも重要になります。医業承継では希望する診療科目の案件がなければ意味がありません。しかし、近年は診療科目の専門性が進んでいるため、幅広い科目の売り案件のストックがないと買い手側は選択肢すら持てないことになってしまいます。開業する場所にこだわりがあるようでしたらエリアのバリエーションもあったほうがいいでしょう。

買い手側と売り手側双方のサポートを同じ会社に任せられれば、どちらかに肩入れするようなこともなく中立な立場で交渉を進めてもらえます。こういったポイントを押さえながら適切なM&Aパートナーを選ぶことが、満足のいく医業承継の実現を引き寄せることになるはずです。

02

新規開業とは大違い。有形・無形の〝資産〟を引き継いで、順調なスタートを！

近年、新規開業の難易度が上がっているように感じます。原因の一つは、人口の減少です。日本の人口は２００８年の約一億２８１０万人をピークに急激に減っています。２０３０年には約一億２０１０万人、高齢化率30・８％となり、２０５０年には約一億４７００万人、高齢化率37・１％になると予想されています。都市部と地方では人口が減る割合やスピードに違いはありますが、いずれにしても、医療施設にとって地域の人口が減っていくことは患者数の減少につながるため、経営に大きな影響をおよぼすことになるかもしれません。

加えて、診療報酬の改定も経営を圧迫しています。特に内科系は特定疾患療養管理料の対象疾患から糖尿病、高血圧、脂質異常症が除外されたことで医業収益が減ったという話も耳にしています。

つまり、クリニックを取り巻く経営環境は楽観視できる状況ではなくなっているのです。「開業医は儲かる」というイメージは過去のものになりつつあります。

このような環境で、何から何までゼロからのスタートとなる新規開業で成功するのは簡単なことではないかもしれません。

当たり前ですが、クリニックを始めるとなれば、場所が必要になります。飲食店や小売店ほど人流の多さや駅前など、目につく場所にこだわる必要はありませんが、地域住民が通いやすい場所で開業しなければなりません。当然、それなりに賃料も高くなります。賃貸物件を借りるにしても、前の借り主がクリニックを経営でもしていない限り、内装工事をする必要があるでしょう。診療科目によって費用に差はありますが、医療機器もそろえなければなりません。中古であれば、多少安価になるとはいえ、数百万円から数千万円、機器によっては億単位の費用がかかることもあります。薬品や医療材料なども無料ではありませんので、一からすべてをそろえることになります。

ゼロからスタートするよりも

次項で詳しく説明しますが、看護師などのメディカルスタッフを採用するのは容易ではありません。新規開業となると、初日から患者が来てくれる保証もありません。何よりも、開業したばかりのときは、経営としてははじめてのことばかりです。看護師をはじめとしたスタッフのマネジメント方法もわからないでしょうし、クリニックの経営がどのように成り立っているのかも、最初からすべて理解している人など多くはないはずです。

黒字経営になるためには、医薬品や材料といった売上原価や自分自身だけでなく、看護師、事務、非常勤医師などの人件費、賃料、広告宣伝費、医療機器のリース代、雑費、借入金の返済などの費用を踏まえた上で、毎月、どのくらい保険診療や自由診療による収益が必要になるのか、算盤をはじかなければならないでしょう。

経営者であれば、経営を成り立たせるために必要な収益をもとに、一日あたり必要な患者数を割り出し、患者一人あたりに割ける診療時間まで考えなければなりません。診療科目によって、患者あたりの単価も異なるため、黒字化するのに必要となる患者数も変わってきます。

また、これからはクリニックのデジタル化にも取り組んでいかなければなりません。電子カルテは必須になるでしょうし、患者の利便性や待ち時間の短縮などを考えれば、WEB予約システムを入れないという選択肢も考えにくいといえます。こういったシステムをそろえるにも、当然投資が必要です。

これらは、ネットや本で調べれば汎用的な情報は手に入れることができるかもしれません。しかし、開業した場所でクリニックの経営が成り立つかどうかという現実的な経営数字というものは、やはり経験を積みながら学んでいくしかないでしょう。汎用的な情報は、あくまでも目安でしかないからです。そのため、経営が安定するまでには、それ相応の時間がどうしてもかかってしまいます。

新規開業の場合、これをゼロスタートですべてこなしていかなければなりません。ここまでお伝えした内容だけでも、冒頭で書いた〝新規開業のリスク〟の大きさを実感いただけたのではないでしょうか。

ですが、承継開業であれば、クリニックを経営するために必要なものは一通りそろった状態でスタートできます。スタッフ全員とはいかないかもしれませんが、ゼロから募集しなおすことはあまりありませんし、患者も多少減少しても一定数は継続して通院してくれるはずです。それに、その場所で数年、数十年と経営を維持してきた先達の実践的な経営手法を最初から学ぶことができます。つまり、承継開業であれば、新規開業に比べてアドバンテージを持った状態でスタートダッシュを切ることができるわけです。

03 常に問題となるスタッフ採用。これもクリアして、コストの大幅な削減を推進

医療業界では長年、人手不足が問題となっています。特に看護師の不足は深刻なものがあるといえます。しかし、厚生労働省の発表によると、看護師の就業者数は年々着実に増えているのです。

それではなぜ看護師不足が解消できないのでしょう。理由の一つは、高齢化の加速によって看護師を必要としている施設が急増しているからです。病院やクリニックのほか、介護保険施設や訪問看護ステーション、社会福祉施設、保健所など、看護師にとっては多様な選択肢が生まれているのです。病院やクリニックでも在宅診療を始めるところが増えるなど、従来以上に看護師を必要としている施設が増加しています。

昨今の働き方改革の影響も無視できません。労働時間の短縮を実現するため、ゆとりある人数を確保したいと考える医療機関も増えてきています。そこに取り

組まなければ、看護師を採用することが難しいため必死です。

看護師の9割以上を女性が占めていることも大きな理由の一つでしょう。結婚や出産、育児をきっかけに看護師を辞める人や、残業を避けるため病院を去る人たちが少なくないからです。

もう一つ付け加えるとするならば、資格が必要な職種ということも関係しているかもしれません。人手不足という市場環境もあり、有資格者であれば全国どこでも就職先を見つけやすい状況にあります。それはつまり、今働いている施設よりも待遇のいいところが見つかれば、そして移りたいと思えば、比較的容易に転職することができることを意味しています。そのため定着率が低くなりがちで、慢性的な人手不足に陥ってしまうわけです。

このような市場環境の中、新規開業で看護師を採用しようとすると苦労するのは目に見えています。好待遇で募集すれば集めることはできるでしょうが、今後の収益状況も不確かな中、人件費に多額の費用を割く余裕などないはずです。

しかし、クリニックを運営するためには看護師は不可欠です。そこで、求人媒体を利用したり、人材紹介会社に依頼したりすることになると思いますが、いずれも無料ではありません。

しかも、それほどコストをかけても定着して長く働いてくれるかはわかりません。新人開業医の中には、コミュニケーションを得意としない医師がいるでしょうし、看護師とどのように接すればいいかわからないという人もいるでしょう。開業したばかりの時期は猛烈に忙しいため、看護師らスタッフとの時間をつくるのも簡単なことではありません。このように看護師をはじめスタッフを確保し、長く働いてもらうのは想像している以上に難易度の高いことなのです。

承継前の待遇に不満を抱いているときは注意

M&A医業承継であれば、承継前から働いてくれている看護師やスタッフに継続して働いてもらえる可能性が高くなります。小さなクリニックであれば、看護師一人から2人、受付などの事務スタッフ3人から5人のほか、診療内容によっては技師を雇う必要がありますが、その全員でなくてもある程度残ってもらえれば、新たに採用するコストを大幅に削減することができるかもしれません。

もちろん、承継を機に給料を下げるとか、勤務時間が長くなるといったマイナスの変更をしてしまうとクリニックを去っていく人が多くなるでしょうが、前経営者のときの待遇を踏襲、もしくは今後良くしていくことを約束すれば、全員にそっぽを向かれるということは少ないと思います。

注意したいのは、引き継ぐときに必ずスタッフ全員と面談して、承継前の待遇面で満足していたところ、不満を感じていたところなどじっくり話を聞く機会を設けることでしょう。

個人経営のクリニックの場合、人事評価制度や給料が曖昧な基準で決まっていることが少なくありません。スタッフ同士、お互いの給料がいくらなのか教え合ったりしないだろうと、「給料をもっと上げてほしい」とはっきりいえる人、要は声の大きな人の給料だけ高くしていたなどということもあったりします。そういったことのないよう評価基準をはっきりさせて透明性を高め、スタッフとの信頼関係を築くようにすれば定着率も高まっていくはずです。

スタッフが辞めていく大きな理由の一つにクリニック内の人間関係があるため、その点には気を配ることが大切かもしれません。承継の場合、スタッフ同士の関係性もそのまま引き継ぐことになるため、誰と誰の仲がいい、悪いといったことも把握しておいたほうがマネジメントはしやすくなるでしょう。

04

既存の患者も引き継ぐことで、地域に愛され、貢献できる医療ができる

承継開業の大きなメリットの一つが、患者も引き継げることです。これは売上にも関わるためとても大きな要素かもしれません。

なぜなら新規開業のクリニックの場合、そもそもそこにできたことを知られていないからです。開業のタイミングでホームページを立ち上げたり、看板やチラシを使ったりするなど認知度を上げるために広告に力を入れるものですが、クリニック側が期待しているほどの効果はないのが実情といえます。理由の一つが病気にかかったり、ケガしたりしないとクリニックを探すことがないからです。要は、小売店や飲食店など日常的に利用する施設と比べて必要だと思う機会が限られているのです。

それに、地域に長く住んでいる住民は、お世話になっているクリニックがすでにあるものです。風邪をひいたときはA内科へ、ケガをしたときはB整形外科へといったように既存のクリニックに通った経験があり、別のところへ変えるきっ

かけでもない限り新しいところへ通おうとはあまり考えません。医療は命にも関わることなので、信頼している先生がいればその先生のお世話になりたいと思うのは当たり前のことでしょう。

でも、医業承継であれば、以前から通っていた患者を引き継ぐことができるかもしれません。「医業承継とはいえ、医師が変わるのであれば患者も別のところへ行ってしまうのではないか……」。確かに、医業承継であっても一～2割ほど患者が減るケースはあるようです。しかし、8割ほどの患者が残ってくれるだけでも、クリニックとしてはありがたいことでしょう。

どうして医師が交代しても多くの患者を引き継ぐことができるのでしょうか。それは医業承継の場合、承継するまでの一定期間、承継予定の医師がクリニックに勤務することが多いから。例えば、勤務医が医業承継する場合、勤務医をしながら週に一日だけ承継予定のクリニックで診療するといった具合です。その間に前院長から「次の院長です」と患者に紹介してもらい挨拶できれば、その後が変わります。患者が信頼している院長から紹介されることで信頼関係を築くハードルを大きく下げることができるでしょう。いざクリニックを引き継いでからも、すでに顔見知りになっているので、「どこの誰だかわからない先生が突然やってきた」といった不安を抱かれる心配も少なくなります。

地域に貢献できているという実感が経営の励みになる

クリニックを開業しようと思う医師の多くは、地域医療への貢献を意識しているのではないでしょうか。勤務医として病院にいれば先端医療に触れる機会も多く、診療の現場で経験できるレベルも高いものがあります。医学の進歩のために研究に力を注ぐといったやりがいはクリニックで体感するのは難しいでしょう。

それでも、開業するのは収入を上げたいという思いだけでなく、地域住民にとってもっと身近な存在として医療を提供したいという強い意志があるから――これまでお会いした医師には、そういう方が多いと実感しています。今後、「キュア中心からケア中心へ」変わっていけば、病気の予防を含めクリニックが地域で果たす役割も増えていくのは間違いありません。そこにやりがいを見出している医師もいるかもしれません。

ただ、こういった思いは患者がいてはじめて実現できるものです。その意味でも開業時から患者がいてくれるというのは励みになります。クリニックの経営は楽なものではなく苦労も多いですが、「地域の人たちの役に立てているという実感があるから頑張れる」という声を聞いたこともあります。そのため、クリニック経営のモチベーションという点でも、はじめから患者がいることは想像以上に大きなことだといえるでしょう。

クリニックを開業する大きな理由には、「自分の思い描く医療を追求したい」というものもあるはずです。しかし、新規開業で患者もいないうちに理想の医療提供に必要な機器や材料をそろえてスタートした場合、地域にニーズがなければ無駄な投資になりかねません。地域住民の年齢層など人口動態だけでは細かなニーズなどわかるはずもないため、仕方ないともいえます。

でも、医業承継であれば、患者の声を聞きながら、また地域のニーズを探りながら徐々に切り替えていくことができます。既存の患者に継続して通院してもらうためには、承継後も一定期間は前のクリニックの医療方針を踏襲したほうがいいという制約はありますが、逆にその期間を理想の医療提供に向けた情報収集、準備期間として活用できるわけです。

05

承継開業後も一定の売上を確保。だから、将来的な事業計画立案も可能に

開業したときから患者がいるということは、開業初年度から売上が立つということです。ここでは、これがどれほど大きなことなのかという点からお話をしていきたいと思います。

新規でクリニックを開業する場合、どのくらいの費用が必要になるのでしょうか。まずは賃貸物件を借りて開業する場合、敷金・礼金(保証金)、前家賃、内装工事代がかかります。駅近などの好立地で開業しようとすれば、敷金・礼金、前家賃だけで数百万円、内装工事となると1000万円以上かかっても不思議はありません。診療設備も数千万円、機器によっては億単位ということもありますし、パソコンや電子カルテなどのOA機器、デジタル機器の導入にも100万円以上出費すると思っていたほうがいいでしょう。ここに医薬品や材料費、集患のための広告費、人件費などが加算されるため、開業するための初期費用として数千万円から数億円かかることになります。

これに加えて、運転資金も確保しておかなければなりません。新規開業の場合は患者がまったくいない状態からスタートするため、初年度は赤字ということが少なくありません。２年目も売上と経費がトントンといった状態で、開業医の給料はそれほど期待できないケースが多いようです。看護師一〜２人に受付・事務員２〜４人だったとしても一月あたりの人件費だけで１００万円以上かかり、医薬品や材料費、医療設備のリース料、雑費なども合わせると、一年目の運転資金として数千万円は用意しておく必要があるでしょう。開業医自身の生活費もあります。

このすべてを自己資金だけでまかなえるなら問題ありませんが、多くの場合は金融機関から融資してもらうことになるはずです。数年前であれば、開業医は比較的楽に借りることができました。開業医＝稼げるという裏付けがあったからでしょう。

しかし、昨今はそう簡単ではありません。金融機関は、医療施設を取り巻く市場環境のことをよく知っていますし、昔に比べて厳しい状況になっていることも把握しているのです。そのため、数千万単位の融資を受けるには、しっかりとした事業計画書を作成しなければならなくなっています。

開業時から患者がいるので売上見通しが立てやすい

事業計画書とは、事業をどのように展開していくのかをまとめた計画書のことです。決まったフォーマットがあるわけではありませんが、クリニックの設立目的や診療内容、クリニックを取り巻く市場環境を踏まえた売上・収益の見通し、自院の強みや競合優位性、人員体制、財務計画などをまとめることになります。金融機関から融資を受ける場合は、特に財務計画や収益の見通しが重要になってきます。金融機関が気にするのは、返済能力があるかどうかなので当然です。

ところが、新規開業では収益の源泉となる患者がいないところからのスタートになります。そのため、集患計画や根拠のある患者数とそれに基づいた売上、収益を示すことができなければ、なかなか審査に通ることができないのです。融資額が希望額を大きく下回るということも珍しくありません。

承継開業であれば、こういった新規開業のデメリットをほとんど気にすることはありません。患者がすでにいるため、根拠のある売上、収益の見通しを立てやすいからです。新規開業に比べると開業資金も大幅に節約できるので、そもそも調達しなければならない資金も少なくなります。それだけ融資を受けやすいといえるでしょう。

また、収益の見通しを立てやすいということは、クリニックをいかに発展させていくか、どのタイミングで何に投資するのかという事業計画も立てやすいということです。例えば、承継したときは院長一人と看護師などスタッフ5人でスタートしたが、診療科目を増やして2診体制にしようと考えた場合、今のクリニックで診察室を確保できるのか＝移転する必要があるのか、勤務医や新たにスタッフを雇う余裕がいつ生まれるのかといった見通しがつきやすい分、不確実性を抑えられて意思決定しやすくなります。

実は、承継開業においてもっとも重要なものの一つに意思決定があります。譲渡希望案件が提案されたときその内容を見て交渉に進むのかどうかを決断する、交渉後、譲渡契約を結ぶことを決断する――実際にクリニックを引き継ぐまでには幾度も意思決定が求められます。そこで迷ってしまい意思決定できないまま、承継の機会を失ってしまうということも少なくありません。その迷いの理由には「経営が成り立つのか」という部分が大きいと思うのですが、事業計画を立てやすい承継開業であれば自信をもって意思決定できるのではないでしょうか。

Chapter 3

これだけは押さえたい、医業承継の基礎知識

このChapterでは、
M＆A「医業承継」において、
最低限、知っておきたい
内容をまとめてみました。
いざ、「M＆Aで医業承継を！」と
思っても、
その知識が何もなければ、
リスクが生まれてしまいます。
極力、簡潔に明記しましたので、
是非、お読みください。

01

「事業譲渡」と「医療法人の譲渡」、この分類でM&A発想が変わる

医業承継を行う際、承継を検討している医療施設を開業している主体が何かによって、M&Aの手続きや内容が変わります。開業主体というのは、平たくいってしまえば経営者が誰かということで、大きく個人と医療法人に分けられます。

個人の場合というのは、院長自らが個人事業主として経営と診療のすべてを担い、医療施設の土地・建物や医療機器、医薬品の棚卸資産といった資産の所有者になっているケースです。

ただ、経営者と院長が別人物ということもあります。つまり、医療施設のオーナーが院長を雇って運営しているのです（医療法人の場合にあるケースです）。

売り手が個人事業主の場合、承継方式は事業譲渡になります。前経営者が所有している資産の価値を算出し、それに応じた対価を買い手が支払うという形です。

手続きの流れをざっと説明しておきましょう。前経営者（院長）が事業を廃止

してスタッフたちにも退職してもらいます。所有している資産については売買によって買い手へ所有権を引き継ぐことに。所有権を移すための手続きには時間がかかることもあるため、承継までのスケジュールを組む際はその日程を盛り込んでおく必要があります。売り手が事業廃止の手続きをした後に買い手が新規開業の認可手続きを行い、改めてスタッフたちと雇用契約を結ぶことになります。

注意したいのは、患者の情報やカルテの引き継ぎでしょう。なぜなら、個人事業主間での患者情報や診療契約の承継は基本的に認められていないからです。ただ、それでは患者に不利益が生じてしまいます。同じ医療施設に通い続けるのに、経営者（院長）が交代したからといって患者が一から説明しなおしたり、診療契約を結びなおしたりするのは面倒ですし効率的ではありません。

そこで、患者情報については、患者同意の上であれば引き継ぐことができることになっています。承継前に院長から患者に対して「新しい院長に代わること、今後は新院長が主治医となるためカルテなどの患者情報を引き継ぐこと」を説明して了承を得るわけです。このひと手間が必要になるので、承継前に一定期間買い手（新院長）が承継予定の医療施設で勤務することが大切になります。前院長から新院長として紹介されれば信用されやすいでしょう。承継後に前院長に引き続き勤務してもらい、患者の同意を得るという方法もあります。

もう一つ気を付けたいのは、行政の許認可手続きといえます。特に有床の医療施設は注意が必要です。病床数は地域ごとに上限があるため、病床過剰地域に指定されている場所で有床の医療施設を承継する場合、新規開業の登録をしようとしたときに病床数が認められないことがあります。また、新規開業となると病床の面積も新基準に準拠する必要があるのですが、古い医療施設の中には新基準を満たしていないところもあるため、事前に確認しておかなければなりません。

医療法人には出資持分の「あり・なし」がある

次は、医療法人の承継についてお話ししていきたいと思いますが、前提として医療法人にどのような種類があるのかを知っておく必要があります。

医療法人とは「病院、医師もしくは歯科医師が常時勤務する診療所、介護老人保健施設または介護医療院を開設しようとする社団または財団で、医療法の規定に基づき設立された法人」のことをいいます。社団とは人の集まり、財団は財産の集まりのことです。

医療法人の承継において注意したい点は、社団医療法人に「出資持分あり」と「出資持分なし」があることです。出資持分ありとは、その定款に出資持分に関する定めを設けているものをいいます。要は、社員が退社するとき出資持分に応じて払い戻しがあるのと、医療法人が解散するときに残余財産の分配がある医療法人のことです。

2007年施行の改正医療法によって、出資持分ありの医療法人を新たに設立することはできなくなっていますが、それでも既存の医療法人の約6割は出資持分ありの医療法人が占めています。ちなみに、出資持分ありの医療法人は「当分の間存続する旨の経過措置」がとられていることから「経過措置型医療法人」とも呼ばれています。

出資持分ありの医療法人は今後設立することができないため、医業承継市場において人気があります。なぜなら、医療法人への出資者が財産権と返還請求権を持てるからだといえます。

どういうことか簡単に説明しましょう。医療法人は非営利が基本ですから株式会社と異なり、出資者に対して配当などを出すことが禁じられています。それによって、長年経営している医療法人では余剰金を法人外部に流出させる契機があまりないため、純資産額が多額になっていることが多いという特徴があります。

例えば、医療法人を立ち上げる際、2人の医師が1000万円ずつ出資していた場合でも数十年後に解散したとき純資産額が一億円になっているということもあるわけです。その場合、出資者それぞれが5000万円ずつ受け取ることができます。途中で一人の医師が医療法人を離れることになった場合でも、その時点の医療法人の純資産額の半分の払い戻しを請求する権利があります。医療法人への出資者が一人であれば、解散時、もしくは譲渡などによって法人を離れる際に財産をすべて受け取る権利があるというわけです。

一方、出資持分なしの医療法人の場合、基金拠出型法人でない限り、法人を解散したときに残った残余財産などは定款で定めるところにより処分するか、国庫に帰属させます。基金拠出型法人とは、法人の活動資金を調達するために定款に定めて基金制度を採用している医療法人のことで、基金を運営の原資として使用しており、定款の定めによって一定の場合に拠出者に返還義務が発生します。

では次項で、医療法人の譲渡について詳しくお話ししていきたいと思います。

02
スムーズな「譲渡」は、適正な価格の設定次第。その算出方法とは？

医療法人を承継するときは、すべての出資持分を買い取ることで法人オーナーの地位を引き継ぐことができます。

この際、重要になるのが譲渡価格の設定といえます。基本的にM＆Aの場合、売り手と買い手との話し合いによって最終的な譲渡価格を決めることになりますが、売り手としては少しでも高く売りたいというのが心情でしょうし、逆に買い手はできるだけ安く買いたいと思うものです。

また、あまりにも高かったり、安かったりすると税務署に目を付けられることもあります。医療法人は非営利組織なので、譲渡に際して買い手・売り手のどちらかに、もしくは双方に大きな利益をもたらす不自然な値付けには税務署が不信感を抱くからです。

そこで、適正な譲渡価格の算出方法について説明したいと思います。ここで紹介する算出方法は、個人事業主から医業承継するときにも適用できます。

純資産か、将来のキャッシュフローか、類似案件の譲渡額か

譲渡価格の算出方法には、主に「時価純資産価額法」と「DCF（Discounted Cash Flow）法」「類似取引比較法」の3種類があります。これらの方法には一長一短があり、算出した譲渡価格が絶対的なものではないといえます。例えば、時価純資産価額法は譲渡対象がこれまでに積み上げてきた累積利益と出資金を評価する方法なので、将来事業価値がどのように変化するかは加味されていません。そのため、これから紹介する方法で算出された譲渡価格は、買い手と売り手が交渉に臨むための土台となる金額だということを忘れないでください。

Chapter 1で紹介した事例にもありましたが、前院長が余命宣告を受けたものの親族に後継者がおらず、急いで承継者を見つけたいという事情から譲渡価格をかなり低く設定するというケースもあります。このように、譲渡価格というものは売り手と買い手の考え方や事情によって大きく変動するものです。

では「時価純資産価額法」から説明していきましょう。

これは貸借対照表における純資産額を基準として事業価値を算出する評価法で

す。純資産とは、簡単にいってしまえば、現金や不動産といった資産から借入金などの負債を差し引いた差額をいいます。現預金額のほか、土地・建物、医療機器などについては減価償却状況を確認した上で時価評価を行います。

管理が行き届いていないと固定資産台帳に記載はあるのに医療機器が紛失していたり、故障して使えなかったりすることがあるので、実際にあるかどうかや使える状態かどうかといったことも確かめる必要があります。

貸借対照表では、資産や負債はそれが発生した時点の金額で計上されていて、これを「簿価」といいます。しかし、資産の評価額は前述したように時間の経過によって変化していくため、評価益、もしくは評価損を調整して「時価」を算定することで現時点の価値を導き出すわけです。

また、資産の中には有形のものだけではなく、無形のものもあります。それを無形固定資産といい、より丁寧な対応が必要になります。例えば、営業権（のれん代）もその一つです。すでに説明したように、時価純資産価額法は現時点での価値を評価しているだけで、将来生み出すであろう収益といった価値は含まれていません。しかし、医療施設の価値とは、過去の実績によって積み上げられた信用やブランド、患者数など無形のものによって生み出される将来の収益も含まれるべきでしょう。仮に純資産価額が5000万円、年間売上一億円のクリニックの譲渡価格を純資産額だけで5000万円とするのはおかしいだろうということです。そこで、M&A医業承継では、時価純資産価額に営業権をプラスして譲渡額を算出する方法がよく採用されています。

営業権について、無形ということもあって明確な算定方法はありません。ただ、相場はあります。一般企業のM&Aでは営業利益の3~5年分、場合によってはそれ以上の金額になることも珍しくありませんが、医療施設や医療法人の場合は「医療分野は利益を追求するべきでない……」という倫理観もあって一~2年分ほどに設定されることが多いと思います。

ただし、譲渡価格はあくまでも買い手と売り手の合意によって決まるものなので、営業権の金額についてもケースバイケースと思っていたほうがいいでしょう。

次は、「DCF法」です。

これは、将来期待される収益(キャッシュフロー)を割り引いて現在価値を評価する手法で、事業計画書を作成するところから始めます。事業計画書をもとにフリーキャッシュフローを算出しますが、それは、税引き前・償却前・支払利息支払い前利益から法人税と資本的支出を引いたものになります。このフリーキャッシュフローを将来複数年分積み上げたものが、事業価値となります。ただ、現金の価値は経年によって変化します。昭和初期の100円と現代の100円では価値が違いますよね。そこで、価値を調整するために一定の割引率をかけて価値を減額する必要があります。割引率をどうするか、またフリーキャッシュフローを算出する期間を何年に設定するかは状況に応じて変わってくるため、何が正解なのかは一概にはいえません。案件内容に応じた設定が必要になるでしょう。

3つ目の「類似取引比較法」は、名称の通り条件が類似している譲渡価格をもとに評価する方法です。医療施設の立地、診療科目、患者数、収支、病床の有無、病床の規模など、条件ができるだけ似通った医業承継案件を参考にするのですが、そこまで条件が近しい案件というものはあまりないのが現実です。そのため、譲渡対象を適正に評価するのが難しく、医業承継における譲渡価格算出方法としては、あまりメジャーとはいえません。

03

医療法人の譲渡での大切なポイント、ガバナンスの移行を理解する

出資持分をすべて買い取って、医療法人のオーナーになっただけで承継は終わりではありません。社団医療法人は、ガバナンスとして社員総会、理事、理事会、監事を置かなければならないからです。

社員総会とは、社団医療法人の最高意思決定機関といえます。理事や監事の選任、定款の変更、退職金の支払い、借入金額の最高限度の決定、社団の解散など重要事項について決議することができます。社団医療法人は社員2人以上（3人以上必要な自治体もあり）を置くことが決められていて、一人一票の議決権を持っています。社員は出資者である必要はないため、出資額や持分割合に関係なく一人一票しか持てないところが重要な意味を持っているといえるでしょう。

例えば、出資持分のすべてを持っている理事長（オーナー）が、医療法人を第三者に承継しようとしても、反対する社員の票が上回ればその承継は実現しないからです。この点については、後ほど詳しくお話しします。

社団医療法人では3人以上の理事を置く必要があり、理事会においてその中の一人を理事長に選任します。理事の選任は社員総会の決議によって決まるため、社員の意思を無視して理事長を選任することはできないというわけです。

監事は医療法人の業務・財産状況の監査を行う存在で、理事や職員との兼任が禁じられています。医療法人の業務や財産の状況について毎会計年度ごとに監査報告書を作成して社員総会、理事会に提出することになっています。

ちなみに、財団医療法人では、社団医療法人の社員に代わり評議員が構成員となり、社員総会の代わりに評議員会を開いて運営に関するさまざまなことを決議します。評議員になれるのは次のうちいずれかに該当する自然人とされています。

・医療従事者
・病院やクリニックなどの医療施設経営に関する知見を有する人
・当該医療法人で医療行為を受ける患者
・そのほか評議員の就任が必要と認められる人

これら条件のいずれかを満たした上で、寄付行為の定めるところによって選任された人という条件がつきます。寄付行為とは、財団医療法人の根本規則で、社団医療法人の定款に相当するものです。

社員交替をスムーズに終えることが重要

M&Aによる医業承継では、出資持分を買い取ることで法人のオーナーになった後に社員、理事、理事長を交代する必要があります。手続きとしては、旧社員が退社届を提出して、新社員の入社を社員総会で承認するという流れになります。

ここでポイントとなるのが、旧社員の退社について全員の同意を得て、退社の手続きを進めておくことだといえます。というのも、社団医療法人の社員は自主退社、もしくは死亡による退社が原則となっていて、よほどのことがない限り強制的に退社させることができないからです。

そのため、退社手続きを疎かにして医療法人の譲渡だけ先に進めてしまうと、旧社員が社員総会の決議に反対票を投じて、承継したオーナーの思うような経営ができなくなる可能性があります。

病院を開業する場合、医療法人を設立して、そのときには社員を決めているはずなのですが、数十年も経ち医業承継を行おうとする頃には誰を社員にしていたのか忘れてしまっているということが結構あるようです。家族3人を社員にしているというのであれば、すぐに話もつくのでたいした問題にはならないでしょうが、遠い親戚や知人など日頃あまり会わない人にお願いしているというケースもあります。事務長など長年医療施設の運営に貢献してきた人にお願いしていた場合、承継することをきちんと説明して納得してもらっていないと反対票を投じられる危険性があります。

このような不測の事態を避けるためには、譲渡側に早くから社員の意思確認や退社届の提出をうながしておくことが大切でしょう。

社員の交代が無事に終われば社員総会を開いて理事を選任し、理事会で理事長を選ぶことになります。

留意したい点は、理事会によって前理事長から新理事長へ交代したとしても、しばらくの間は、前理事長に何らかの形で事業に関わってもらうようにすることかもしれません。スタッフとの間に入ってもらうだけでなく、取引のある医薬品会社をはじめとした業者、医師会などとの折衝においてアドバイスしてもらうことで、承継後の経営がスムーズに運ぶケースが多いからです。

04

「医療法人」譲渡の税務知識。信頼できる税理士に任せて指導を仰ぐ

「医療法人」の譲渡では出資持分が売買されるため、動いた金額に応じて譲渡側は課税されることになります。具体的には、出資持分の譲渡対価から取得費用と譲渡費用を足したものを引いた金額について、譲渡所得税等（分離課税）が課されることになるのです。

また、承継にともなって役員（理事長や理事）に退職金を支給した場合も課税対象になります。生前退職の場合は、退職金を受け取る人に対して退職所得として住民税等が課税されます。退職所得とは、収入金額から退職所得控除額を引いた額に2分の一をかけた金額です。また、役員が死亡退職した場合は、退職金を受け取る遺族に対して相続税が課されます（相続人が受け取る場合、「500万円×法定相続人の数で計算された金額」は、非課税となります）。

これらは売り手側が負担する税金であって、買い手には関係ないと思うかもしれません。

しかし、そうともいい切れないでしょう。なぜなら、役員への退職金を支給した場合、原則として支給した医療法人の損金算入が認められるからです。損金算入とは、法人の課税所得を計算するときに課税所得から差し引くことが可能な費用のことです。簡単にいえば、課税所得を減らすことができます。

医業承継とはいえ、医療法人を承継した初年度は多少なりとも売上は落ちるかもしれませんし、出費もかさみます。そのため、少しでも節税できるところがあれば医療法人の経営も楽になります。

しかし、退職金を受け取る役員の勤続年数や在職中の医療法人に対する貢献度、同規模であるほかの医療法人の退職金支給額などと照らし合わせて非常に高い金額だったりすると、税務調査によって退職金の一部が損金に算入できなくなることもあるので注意が必要です。

その他にも、医療法人には税務に関するメリットがいろいろとあります。

ただ、医業承継においてはさまざまな税務対策が必要といえるでしょう。しかし、そこは専門家の領域であって、医師である承継希望者が一人で対応するには荷が重いというものです。「餅は餅屋」と割り切って、税務のことは医業承継のサポート実績のある税理士に相談しましょう。

おわりに　必要とする医療が、途絶えない社会へ。いま求められるM&A「医業承継」

本書では、医業承継によって開業を検討している方を想定した構成にしましたので、買い手側視点の話が中心でした。そこで、この「おわりに」では、私がこれまでお会いしてきた売り手の方々の話に少し触れたいと思います。

開業医が、自ら経営してきた医療施設を売ろうと思う理由はさまざまあります。地域医療を守るため、何十年も365日ほとんど休むことなく診療し続けてきたけれど高齢になり体力的にきつくなってきたため、後を継いでくれる人がいるなら売りたいという方がいました。そんな過酷な環境下でも何とか診療を継続できたのは、「通ってくれる患者さんのため、自分が投げ出すわけにはいかない」という強い使命感があったから。その方が、そのくびきから「解放された」のは医業承継によって後継者を見つけることができたからでした。

またある人は、離島でたった一人の開業医として地域医療を守ってきたのですが、どうしても続けることができなくなり「無料でいいから、（私たち仲介会社に）

手数料を払ってもいいから何とか後継者を見つけてほしい」と懇願してきたというケースもあります。離島での開業となると経営面や家族全員で移住する必要があり、今も志を継いでくれる医師を探しています。

売り手の中にはお金のためにだけ売りたいという開業医がいるのも事実です。でも、多くの開業医は、長年続けてきた医療施設を後世に残したい、当院を頼ってくれている患者たちのために〝この場所で〟医療を提供し続けてほしいといった思いを持っています。そのような中で、やむなく閉院という道を選ばざるを得ない開業医が少なくないのです。このような〝無念な選択〟を一つでも減らすため、開業したいという思いを抱えている医師たちとの〝出会い〟を後押しし、M&Aによる医業承継を形にしていけることを願っています。その活動の積み重ねが〝途絶えることのない地域医療〟を守ることにつながるのだと、私は強く思っています。

2025年2月

株式会社エムステージマネジメントソリューションズ

代表取締役　田中宏典

“STORY”で学ぶ、
M&A「医業承継」

2025年３月３日　第1刷発行

著　者　田中宏典
発行者　鈴木勝彦
発行所　株式会社プレジデント社
〒102-8641
東京都千代田区平河町2-16-1 平河町森タワー13階
https://www.president.co.jp/　https://presidentstore.jp/
電話　編集 03-3237-3733
　　　販売 03-3237-3731
販　売　高橋 徹、川井田美景、森田 巌、末吉秀樹

構　成　八色祐次
装　丁　鈴木美里
組　版　清水絵理子
校　正　株式会社ヴェリタ
制　作　関 結香
編　集　金久保 徹

印刷・製本　株式会社サンエー印刷

本書に掲載した画像は、
Shutterstock.comのライセンス許諾により使用しています。

ISBN978-4-8334-5252-6
Printed in Japan
落丁・乱丁本はお取り替えいたします。